島田裕巳

日本の10大新宗教

GS
幻冬舎新書
061

日本の10大新宗教／目次

7——世界救世教、神慈秀明会と真光系教団 144

8——PL教団 159

はじめに

話題になった新宗教

新宗教をめぐる話題は尽きない。最近も長野小諸市の神道系新宗教、紀元会の信者による集団暴行事件が発覚し、話題になった。それにともない、この教団のさまざまな問題が指摘された。しかし、新宗教をめぐる事件としては、オウム真理教によるものが最も衝撃が大きかった。

オウム真理教が地下鉄サリン事件を起こしたのは、今から十二年前の一九九五（平成七）年のことだった。その前の年、長野の松本市内で猛毒のサリンを撒《ま》き、多数の死傷者を出したオウムのメンバーは、この年の三月二十日、東京都内の地下鉄でサリンを撒き、ふたたび多数の死傷者を出した。それ以降、マスメディアはオウム報道一色に塗りつぶされた。オウム事件は、新宗教をめぐる歴史上最大の事件であり、宗教を背景としたテロという点で、二〇〇一年九月十一日の同時多発テロの先駆《さきが》けとなるものだった。

オウム事件の後、一九九九年十一月には、ライフスペースの事件が起こっている。ライフスペースは、もともとはバブル経済の時代に流行した自己開発セミナーの一つであったが、次第に宗教化した。集団のリーダーである高橋弘二《たかはしこうじ》は、インドの宗教家で、オウム事件の前には日本でもブームになったインドの宗教家、サイババから「シャクティパット・グル」に指名されたと主張していた。なお、サイババの側は、この事実を否定している。

シャクティパットは、オウムでも同名の技法が存在したが、ライフスペースでは、頭部を手で叩く宗教的な病気治療の方法として使用されていた。ところが、このシャクティパットが効力を発揮せず、高橋の信者が連れてきた家族の男性が死亡してしまった。

しかし、高橋は死者はまだ亡くなっていないと言い張り、信者たちもそれを信じた。遺体は時間の経過とともにミイラ化していき、信者たちは、成田市内のホテルで、その様子を写真などに撮り、記録し続けた。ホテル側が、不審な長期滞在に疑問をもち、警察に届け出たところから事件が発覚し、高橋や亡くなった男性の長男などが逮捕された。高橋は殺人罪で起訴され、二〇〇五年には最高裁で懲役七年の刑が確定した。現在服役中である。

また、二〇〇三年の四月から五月にかけては、白装束《しろしようぞく》集団ことパナウェーブ研究所のことが大きな話題になった。

パナウェーブ研究所は、千乃正法会《ちのしようほうかい》とも呼ばれ、教祖は千乃裕子《ちのゆうこ》という女性であった。千乃は、GLA（ジー・エル・エー総合本部）の創立者であった高橋信次《たかはししんじ》の後継者を自称していたが、実際にはGLAとはまったく関係がなかった。千乃の説く教えは、さまざまな宗教からの寄せ集めで、体系性を欠いている。ただし、共産主義を否定し、反共色を打ち出したことで、一部の人間たちから支持されていた。

パナウェーブ研究所では、共産主義の勢力からスカラー波という電磁波によって攻撃されていると主張した。そのスカラー波を防ぐために白い服やマスク、長靴などを着用していたことから、白装束と呼ばれた。彼らは、日本各地を転々としていて、移動のために使われていた車にはスカラー波を防ぐための渦巻き模様を大量に貼りつけていた。

実は、騒動になるまで、彼らは七年間にもわたってキャラバンを続けていた。その特異な実態が注目されたのは、多摩川に出現したアゴヒゲアザラシの「タマちゃん」の捕獲を試みた集団とパナウェーブ研究所の関連が週刊誌で報道されたからだった。取材陣は、白装束のキャラバン隊を追跡し、それで騒動が拡大した。

キャラバン隊は、最終的に福井市に落ち着いたものの、その後、信者の大学助教授が施設内で死亡するという事件が起こる。この事件については、集団のメンバーが竹刀などで暴行した疑いが強まり、五名が傷害容疑で逮捕され、暴力行為法違反罪で罰金刑を受けた。リーダーである千乃裕子は、騒動のとき末期ガンにかかっていると主張していたが、二〇〇六年十月に死亡している。

常識と対立する新宗教

二〇〇七年五月には、キリスト教系の新宗教、エホバの証人の信者である女性が、妊娠し、帝王切開《ていおうせっかい》の際に大量出血したにもかかわらず、教団の教えにしたがって輸血を拒否したことから死亡するという出来事が起こった。生まれた子どもは無事であった。病院側は、死亡した本人から、輸血をしないで不測の事態が起こったとき病院側の責任は免責するという同意書を得ており、家族も本人の意思を尊重した。

一九八五年四月には、川崎市で交通事故にあった小学校五年生の男児に対して、エホバの証人の信者だった両親が輸血を拒否し、男児が死亡するという事件が起こった。これによって、エホバの証人の輸血拒否が大きな話題になり、医学界はこの問題に苦慮するようになった。一九九二年には、免責の同意書に署名していたにもかかわらず、患者の生命に危険が生じたときには輸血をするという方針で手術に臨んだ医師が、その方針を患者に説明していないまま輸血を行ったことで損害賠償を請求され、それが二〇〇〇年に最高裁で認められるという事件も起こっている。

医師としては、手術の際に輸血を行わないことは、患者の命をみすみす危険にさらす行為で、容認しがたいものである。けれども、エホバの証人の信者たちは、彼らの信仰する神は輸血を禁じていると信じている。医師の側にとって、とくに判断が難しいのが、患者が子どもの場合で、判断力の乏しい子どもに対しては、親が反対しても輸血を行う方針で臨んでいる医師も少なくない。

新宗教が社会的な問題になるとき、病気やその治療の方法、生や死に対するとらえ方の違いがきっかけになっていることが多い。このエホバの証人の輸血拒否の場合もそうだし、ライフスペースの事件の場合も同様である。常識からすれば、ミイラ化した遺体を生きていると信じるのは荒唐無稽《こうとうむけい》なことだが、信者たちは、教祖の言うことをそのまま信じたのである。

活かされる創価学会のノウハウ

二〇〇五年に起こった次世紀ファーム研究所をめぐる事件も、その一例である。この研究所は、一種の宗教団体で、堀洋八郎《ほりようはちろう》という人物が代表である。この研究所では、健康食品の販売会社も設立し、光合堀菌《こうごうほりきん》という正体不明の菌をもとにした「真光元《しんこうげん》」という食品を販売していた。ところが、その施設内で、真光元を食べれば病気が治ると言われ、それを服用した糖尿病の女児が死亡するという事件が起こる。女児の母親は、代表らに対して損害賠償を求める民事訴訟を起こしている。

注目されるのは、代表の堀が、創価学会の元会員である点である。堀は高校生のときに創価学会に入会し、活動していたが、三十代なかばで脱会した。彼は、宗教団体を運営するノウハウや金の集め方、信者勧誘の方法は創価学会で学んだとしており、創価学会の名誉会長である池田《いけだ》大作《だいさく》に対しては憧れの気持ちをもっていることを告白している。

堀にかぎらず、新宗教の信者のなかには、一つの教団にとどまるのではなく、さまざまな教団を渡り歩いていく人間が少なくない。とくに、創価学会の場合には、新宗教の教団として規模が大きく、この教団に一度は入会した経験をもつ人間はかなりの数にのぼる。彼らは、入会していたあいだに、創価学会の組織原理を学び、それを他の教団で活かして、幹部として活躍するようになる。

公明党の政権参加とその余波

その創価学会であるが、彼らが最大の支持団体になっている公明党は、一九九九年十月、自民党と自由党による連立政権に参加し、今日まで政権与党の座にとどまっている。創価学会と公明党とは政教分離を行い、互いに独立した組織になってはいるものの、選挙の際には、創価学会が公明党を積極的に支援している。公明党が政権与党にとどまれるのも、その賜物《たまもの》である。

連立参加以降の公明党は自民党と選挙協力を行い、創価学会員の選挙活動や票によって当選している自民党の議員も少なくない。したがって、自民党に対する公明党の発言力は増している。その背後には集票マシーンとしての創価学会が存在し、創価学会は公明党の政権入りで、その恩恵に浴している。

公明党が自民党と組んで政権与党入りしたことは、他の新宗教団体にも影響を与えている。創価学会と対立的な関係にある新宗教の教団は、「新日本宗教団体連合会（新宗連）」という組織に結集している。新宗連に加盟している主な新宗教教団としては、立正佼成会《りっしょうこうせいかい》、PL（パーフェクト・リバティー）教団、解脱会《げだつかい》、善隣教《ぜんりんきょう》、霊波之光教会《れいはのひかりきょうかい》などがある。

新宗連は、創価学会が公明党を組織したのに対抗して、自民党の支持団体として活動を展開し、候補者も送り出してきた。だが、公明党が自民党と組んだことで、自民党ばかりを支持するわけにはいかなくなった。そのため、現在では、民主党の候補も応援するようになってきている。ちなみに、二〇〇七年夏の参院選で新宗連は、自民党候補を一人、民主党候補を二人推薦している。この三人の候補者はいずれも当選している。

宗教政党への批判

政治は「まつりごと」であり、宗教と密接な関係をもっている。その点で、宗教的な理想を実現するために、宗教教団が政治の領域に進出することは十分にあり得る。そこに宗教政党が生まれる必然性があるが、日本の場合には、宗教政党はめずらしい。

公明党は、結成当初の段階では、党の綱領などに宗教的な文言を含み、宗教活動の一環として政治活動を展開する姿勢を明確に示していた。だが、一九七〇年の「言論出版妨害事件」を契機に、創価学会との政教分離を明確化し、宗教政党としての性格を弱めた。

けれども、公明党の議員の多くは創価学会の会員で、議員と支持者とは信仰によって結ばれている。そうした宗教を背景とする政党が政権与党の一翼を担い、政治的な影響力を行使している点は重要である。それだけの影響力を行使する新宗教の教団は、これまで存在しなかった。

オウム事件が起こった際に、宗教法人のあり方が問題になり、国会でも議論された。その時点では、公明党は解党して、一部が新進党に合流し、自民党とは対立関係にあった。そのため、自民党の側は、宗教法人についての議論をオウム対策から創価学会対策にシフトさせ、池田大作名誉会長の証人喚問を要求するまでになった。これは実現しなかったものの、当時の秋谷栄之助《あきやえいのすけ》創価学会会長は、国会の宗教法人法特別委員会に呼ばれ、参考人として証言している。

このように、新宗教のことはつねに話題になってきた。仏教や神道、キリスト教の既成教団の動向がほとんど注目されることがないのに対して、新宗教の動向には注目が集まってきた。それも、新宗教がアクティブな活動を展開し、その活動がときに一般社会の考え方と対立することがあるからである。

創価学会の場合には、社会にかなり定着してきたものの、その活動のあり方に疑問をもっている人は少なくない。とくに、公明党の政権与党入りで政治的な力を増した点で、よけい国民全体が関心をもたざるを得ない状況が生まれている。

新宗教と新興宗教

では、そもそも新宗教は、いかなる宗教なのであろうか。新宗教教団の実像を明らかにしていく前に、その点について考えておく必要がある。

最近では、新宗教という言い方がかなり定着してきているが、一方で、ここまで見てきたような教団は、「新興宗教」と呼ばれることも多く、新宗教と新興宗教という二つのことばが並行して使われている。

新宗教ということばが一般化するのは、一九七〇年代に入ってからのことである。新興宗教ということばには差別的で、否定的なイメージがつきまとうことから、宗教学や宗教社会学の学界において、新興宗教ではなく、新宗教という中立的な名称を積極的に使おうという動きが生まれ、研究者のあいだで一般化していく。

新興宗教ということばの方は、その名に値するような新しい宗教教団が出現し、注目された一九五〇年代から六〇年代にかけて一般に使われるようになった。この時代は、高度経済成長がはじまり、それが頂点を迎えていく時期にあたっており、創価学会をはじめとするさまざまな教団が、主に都市部で信者を増やし、教団の規模を拡大していた。その勢いがあまりに急で、既成教団や一般社会と衝突することもあったことから、新興宗教が社会的に注目され、それにともなって新興宗教という言い方が定着していったのである。

戦前においては、「類似宗教」と呼ばれることもあったし、「諸教」という言い方がなされることもある。神道、仏教、そしてキリスト教の既成教団のなかに含まれない教団の意味である。類似宗教にしても、新興宗教にしても、正統的な教団から逸脱しているというニュアンスがある。新興宗教の場合には、「新興財閥」といった言い方と同様に、既成教団にはないエネルギッシュな活力をもって活動しているというイメージがともなっていた。

新宗教としての出発

あらゆる宗教は、最初、新宗教として社会に登場するとも言える。

仏教は、インドの伝統宗教、バラモン教のなかに出現した新宗教であった。キリスト教も、ユダヤ教のなかに生まれた新宗教で、だからこそ、『聖書』のうち「旧約聖書」にかんしては、どちらの宗教においても聖典として教えの中心に位置づけられている。

イスラム教の場合には、「アッラー」という独自な神を信仰し、その点では、同じ一神教でもユダヤ教やキリスト教とは異なる宗教であるように見える。しかし、アッラーは、アラビア語で神を意味する普通名詞で、固有名詞ではない。

しかも、イスラム教の考え方では、預言者ムハンマド（マホメット）が信仰する神は、「旧約聖書」の冒頭にある「創世記」に登場するアブラハムが信仰していた神と同じだと考えられている。つまり、イスラム教は、ユダヤ教やキリスト教と同一の神を信仰する宗教であり、先行する二つの宗教の影響を強く受けている。イスラム教の聖典である『コーラン』には、ユダヤ教の預言者モーゼも、キリスト教の救世主、イエスもともに登場する。その点でイスラム教は、ユダヤ教やキリスト教を生んだ宗教的な伝統のなかから生まれた新宗教なのである。

新宗教としてはじまったそれぞれの宗教は、時間を重ね、信者を増やして、社会のなかに定着していくにつれて、既成宗教としての性格をもつようになっていく。新宗教の場合、その信者になる人間たちは、それまでの宗教を捨て、自らの意思で信仰を獲得する。それに対して、既成宗教の場合には、親などから自動的に信仰を受け継ぎ、信者たちは自らの意思でその宗教を選択しなくなる。

カトリックの入信の儀礼である「洗礼《せんれい》」は、幼児の段階で行われ、そこには当人の意思は反映されない。その家に生まれたことで、個人の信仰は自動的に決定される。それが、既成宗教の特徴で、イスラム教の場合には、入信のための特別な儀礼そのものが存在しない。それも、イスラム教が広まった地域の人間は、生まれたときからイスラム教徒と見なされるからである。

無宗教という自覚の上に

日本人が自分たちのことを「無宗教」と考えるのも、イスラム教徒と同様に、生まれたときから日本の既成宗教の信者になってしまうからである。日本の場合には、既成宗教が、神道と仏教という二つの宗教が組み合わさった特殊な形態をとっているために、自分たちを神道の信者と決めることもできないし、仏教の信者と決めることもできない。そこから、特定の宗教に属していないという意識が生み出される。けれども、現実には神道と仏教にかかわり、その儀礼に参加しているわけで、その点では、ユダヤ教徒やキリスト教徒、さらにはイスラム教徒の場合と変わらない。

明治に入って近代化されるまで、日本には、「宗教」という概念がなかった。宗教ということばはあったものの、それは宗派の教えという意味で、現在の宗教とは意味が違った。宗教という概念がなければ、神道と仏教を異なる二つの宗教としてとらえる見方そのものが存在し得ない。重要なことは、宗教という概念がない状態では、無宗教という考え方もなく、自分は無宗教だという自覚も生まれなかった点である。

明治に入って、宗教という概念が欧米から導入され、神道と仏教とが二つの宗教に分離されたにもかかわらず、日本人は、片方の宗教を選択できなかったため、自分たちを無宗教と考えるようになった。これは、近代に入って、日本人が無宗教になったということとは違う。近世と近代で、つまりは明治維新を境にして、日本人の宗教生活が大きく変化したわけではないからである。

近代の日本社会において、新宗教ということが問題にされるようになるのも、無宗教という意識が広まったことと関係している。国民の多くは、自分は特定の宗教を信仰していないと考え、特定の宗教に入信して、活動している人間を特別視するようになった。最初は、明治に入って活動が合法化されたキリスト教に入信する人間が特別視されたが、やがて、新しい教団、新宗教に入信して、信仰活動を展開する人間たちが、特別視されるようになっていったのである。

その古さと新しさ

しかし、新宗教が、既成の宗教とはまったく異なる完全に新しい宗教であるかと言えば、そうではない。日本の新宗教は、神道か仏教の影響を必ず受けていて、多くはどちらの影響も受けている。キリスト教系を除けば、神道とも関係がなく、仏教とも関係がないような新宗教は存在しない。

たとえば、新宗教の代表的な存在である創価学会の場合であるが、創価学会は、その創立以来、長期にわたって日蓮《にちれん》宗系の既成仏教教団である「日蓮正宗《しょうしゅう》」と密接な関係をもってきた。創価学会は、出家した僧侶による教団を支え、その教えを実践する在家《ざいけ》信者の教団であり、彼らの究極的な信仰の対象は日蓮である。一般には、池田大作名誉会長が創価学会の教祖と見なされることが多いが、彼はあくまで在家の指導者であって、信仰の対象ではない。日蓮宗系の場合には、当初から在家の信者による教団組織が存在し、創価学会もその伝統を受け継いでいる。創価学会の創立自体は新しいものの、信仰の中身は日蓮に遡《さかのぼ》るもので、決して新しいものではないのである。

それは、他の新宗教についても言える。新宗教の「新」とは、必ずしも宗教の中身としての新しさを意味するものではなく、教団として、集団としての新しさを意味している。真如苑《しんにょえん》や解脱会では、真言宗醍醐《だいご》派《は》との関係が密接で、かつての創価学会と日蓮正宗との関係に近い。

分派と対立

新宗教の大きな特徴は、分派が多いということと、教団同士のあいだに対立が起こりやすいということにある。

新宗教では、その宗教教団を生んだ特定の教祖がいることが多く、その特殊なカリスマが吸引力になって教団を統合している。ところが、教祖がいくら神格化されたとしても、人間であることに変わりはなく、いつかはその寿命をまっとうする日が訪れる。教祖の死は、新宗教の教団にとってはもっとも大きな危機であり、それを契機に、後継者争いが起こったり、分派が生まれたりする。

とくに分派が生まれやすいのは、教祖が生前神憑《かみがか》りをし、信者に神のお告げを下していたような教団の場合である。教祖が亡くなれば、新たに神のお告げを媒介する存在が求められる。教団では、新たな人間を神の依代《よりしろ》として定めようとするが、そうした人間が教祖の家族から出るとはかぎらない。そうなると、教祖の家族と新しい依代とのあいだに対立が起こったりする。また、教団の外側に、自分こそが新たな神の依代であると主張する人間が生まれやすい。天理《てんり》教《きょう》の場合には、そうした形で数多くの分派が誕生した。

教祖の死によって、教団全体が二つに分裂することもある。世界真光文明教団《せかいまひかりぶんめいきょうだん》から崇教真光《すうきょうまひかり》が分裂した事例が、その典型である。さらに遡れば、世界救世教《せかいきゅうせいきょう》からの分派でもある。こうした教団は、どれも「手かざし」による救済を信仰活動の核としており、手かざしなら特別な修行なしに実践できることから、分派や分裂が起こりやすい。

分派した教団と元の教団とのあいだで対立が起こったり、分裂した教団同士のあいだで対立が起こるのは当然だが、信仰の系統が似ている場合にも、教団同士が対立することがある。創価学会と立正佼成会、霊友会《れいゆうかい》は、みな日蓮系、法華系の教団で、高度経済成長の時代に教団が急拡大していたときには、信者の獲得合戦で激しく対立した。現在、それぞれの教団は、世界平和の実現を説き、平和運動の実践に熱心だが、協調して平和運動にあたるようにはなっていない。

とくに、創価学会と他の教団とのあいだには、対立の関係が生じやすい。それは、創価学会が日蓮正宗の影響もあって、自分たちの信仰を絶対視し、他の教団の信仰を邪教《じゃきょう》、邪宗《じゃしゅう》として否定する傾向が強かったからである。今日では、日蓮正宗と決別したこともあって、創価学会の排他性は緩和され、学会員が地域の神社の祭りに参加したり、他宗派の葬儀に参列したりといったことも一般化してきた。しかし、他の新宗教教団と協調するまでにはいたっていない。すでにふれたように、政党支持をめぐる対立も、創価学会と他の新宗教教団との関係を難しくしている。

本書の内容と目的

本書では、新宗教をめぐるさまざまな問題を踏まえた上で、主な十の教団を取り上げ、それぞれの教団の成り立ちや歴史、教団としての特徴などを紹介することで、日本の社会における新宗教のあり方を概観していくことにする。

新宗教の教団の数は多く、そのなかからわずか十の教団を選び出すことは、ある意味乱暴な試みである。しかし、多数の信者を抱え、特異な活動によって一般社会に大きな影響を与えた教団の数はそれほど多いわけではない。ここでは、教団の規模、現在、あるいは過去における教団の社会的な影響力、さらには、時代性を考慮して、十の教団を選ぶことにした。この十の教団をおさえることで、日本の新宗教がいかなる特徴をもち、一般の社会とどのような関係をもっているかを明らかにできるはずである。

ただ、一つ断っておかなければならないのは、十教団を選んだからといって、評価を意図してはいないという点である。ここに選んだ十の教団が、すぐれた新宗教というわけではないし、正しい新宗教というわけでもない。十の典型であるとは言えるかもしれないが、教団のあいだに優劣をつけようとしているわけではない。

また、教団のなかには相互に密接な関係があったり、分裂して生まれたものや分派の関係にあるものもある。そうしたものについては、一括してあつかった。ただし、大本《おおもと》のように、さまざまな教団がその影響を受けているという場合については、独立してあつかった。

また、社会的な影響力は大きくても、反社会的な性格を示していたり、社会の一般的な価値観と対立するような教えを含んでいるような教団については、十のなかに入れなかった。その代表はオウム真理教である。ほかにも、「カルト」としてあつかわれることが多い教団についてはリストアップしなかった。

新宗教とカルトとの境目は曖昧である。現在では、社会的に一定の地位を確保している新宗教の教団のなかには、かつて弾圧や取り締まりを受けたものも少なくない。こうした点を踏まえ、最後に、十大新宗教以外の教団にもふれ、新宗教の全体像をとらえ直した上で、新宗教とカルトとの違い、新宗教と社会との関係、さらには新宗教の将来についての展望を試みることにしたい。

1—天理教

宗教都市・天理

はじめて天理教《てんりきよう》の教会本部がある奈良県天理市を訪れたときの思い出は、私にとって忘れられないものになっている。それだけ、天理教教会本部訪問は衝撃的だった。

それは、一九七四（昭和四十九）年のゴールデンウィークのことだった。私は東京大学の三年生で、文学部の宗教学科に進学したばかりだった。宗教学科の研究室では、毎年、旅行に出かけるのが恒例になっていて、その際にはスケジュールのなかに必ず宗教教団の施設訪問が含まれる。その年は、天理大学の宗教学科の学生たちと野球の試合をすることが決まっていて、そこで天理市が訪問先に選ばれたのだった。

私たちは、新幹線で京都まで行き、バスを借り切って天理市にむかった。おそらく、たいがいの学生にとって、はじめての天理市訪問だったはずだ。市内に入ると、五階建て、六階建てくらいの建物が建っているのが目に入ってきた。今だと、五階建て、六階建てでは、高いという印象を受けないかもしれないが、この時代は、まだ高層ビルがめずらしい時代だった。しかも、鉄筋の建物の屋根には切妻があり、瓦ぶきになっていた。

この建物の形は天理教独特のもので、街のなかにある天理教の教会は、みなそうした形をしている。天理教に独特の建物が市内のいたるところに立ち並び、延々と続いている光景は、私たちにとってはじめて見るものだった。まさに天理市は、天理教を中心とした「宗教都市」だったのである。

巨大な礼拝場

宗教都市の中心には、巨大な教会本部の建物が建っていた。教会本部は天理教の神殿で、そこでは毎日二度、朝と晩に礼拝《れいはい》が行われる。私たちが訪れたときには、南と北の礼拝場は完成していたものの、東と西の礼拝場は未完成で、仮設のものだった。その後、東西の礼拝場は完成し、東西南北四つの礼拝場に敷かれた畳を数えると、全部で三千百五十七畳に及んでいる。気が遠くなるような広さである。

この礼拝場は、いつでも開かれていて、朝晩の定例の礼拝のときでなくても、信者たちが三々五々集まってきて、礼拝していく。礼拝する際、信者たちは、「あしきはらいたすけたまえてんりおうのみこと」と唱えながら、そこに定まった手振りを加え、彼らが信仰する天理王命《みこと》に祈りを捧げる。私はその後、何度か天理市を訪れ、そのたびごとに教会本部に立ち寄るが、その厳かな雰囲気に感銘を受けることが少なくない。信仰をもたない人間はやってこないわけで、まったく俗化していないところにその原因があった。

教会本部の中心は、「ぢば」と呼ばれ、その中心には、「かんろだい」が据えられている。天理教の教えでは、このぢばは、人類が発祥した場所であるとされている。したがって、天理市を訪れ教会本部に礼拝に行くことは、「おぢばかえり」と呼ばれ、駅には「お帰りなさい」という看板が立てられている。

教会本部に隣接して、教祖殿と祖霊殿が建てられ、この三つの建物は約八百メートルの回廊で結ばれている。天理教には、九十歳で亡くなった教祖、中山みきは、肉体としての身は隠したものの、その魂は今でも教祖殿にあって、人々の暮らしを見守っているという信仰がある。

この信仰にもとづいて、教祖に対しては一日三度の食事が供えられている。さらに、季節ごとに衣替えも行われているし、テレビが普及してからは、テレビも備えつけられている。奈良県の隣り、和歌山の高野山でも、開祖である空海は今も生き続けているという信仰があり、同じように日に三度の食事が供えられている。おそらく天理教はこの高野山の信仰を取り入れたのであろう。

長い回廊を歩いてみると、床や壁などを掃除している信者の姿を見かける。彼らは、天理市内で三カ月にわたって行われる「修養科《しゅうようか》」の研修生で、「ひのきしん」と呼ばれる奉仕活動に従事しているところである。彼らのひのきしんによって、回廊はぴかぴかに磨き上げられ、塵一つ落ちていない。たとえ白足袋をはいて回廊を一周しても、足袋の裏はまったくよごれることがない。

私は、はじめて天理市を訪れたとき、こうした宗教都市の有り様に大変驚かされた。とくにそのときには、天理市についてほとんど知識がなく、天理教についてもあまりよくは知らなかったので、驚きは大きかった。天理市では、宗教が活発に活動を展開し、信仰がはっきりと生きている。そのときの私は宗教学を学びはじめたばかりだったので、それまで知らなかった宗教の実態に接して、強い印象を受けたのだった。

新宗教はいつ生まれたか

天理教が誕生したのは、幕末維新期のことである。天理教の教団では、一八三八（天保九）年十月二十六日を立教の日と定めている。幕末維新期には、長く続いた徳川幕藩体制にほころびが生じ、黒船の外圧もあって、社会が混乱し、そのなかで新しい宗教が多数出現した。天理教のほかに、如来教《にょらいきょう》（立教は一八〇二［享和二］年）、黒住教《くろずみきょう》（同一八一五［文化十二］年）、禊教《みそぎきょう》（同一八四〇〔天保十一〕年）、金光教《こんこうきょう》（同一八五九〔安政六〕年）などが誕生している。

新宗教の発生時期については、学界のなかに議論がある。幕末維新期にそれを求めるのがもっとも有力だが、次の章で取り上げる大本が誕生した十九世紀の終わりから二十世紀はじめを新宗教の発生時期と考える研究者もいる。あるいは、第五章や第六章で取り上げることになる立正佼成会や創価学会などの教団が急速に拡大する第二次世界大戦後に新宗教の発生を求める見解もある。

もし、十九世紀の終わりから二十世紀はじめに新宗教の発生時期を求めるとすれば、天理教を含め大本以前の宗教は新宗教ではないことになる。その場合には、既成宗教と新宗教の中間的な形態として「民衆宗教」といった呼び方が使われる。

ここには、さまざまな形で難しい問題がかかわってくるが、その一因は、宗教の発生する時期と、その宗教が広く信者を集め、拡大していく時期とが必ずしも重なっておらず、ずれが存在することにある。創価学会の場合、急速に拡大するのは戦後の高度成長の時代だが、その創立は戦前の一九三〇（昭和五）年に遡る。天理教の場合も、誕生したのは幕末維新期でも、その勢力が拡大していくのは、もっと後の時代、大正から昭和の時代になってからのことで、立教の時期と拡大した時期とのあいだにはおよそ八十年の開きがある。

天理教発祥の地である奈良県天理市は、今でこそ七万人の市民を抱える地方小都市だが、天理教が誕生した時代には、天理教関係の施設もなく、そこは丹波市《たんばいち》という村であり、教会本部も、教祖が嫁いだ中山家の屋敷にすぎなかった。周囲も農村であり、そうした地理的環境では、急速に信者を増やすことはできない。教団が急拡大をとげるには、都市という地理的環境が必要であり、だからこそ天理教も、大正から昭和にかけて大阪を中心とした都市部で拡大していった。新宗教は、基本的に都市の産物であり、急激な都市化という背景がなければ、その勢力の拡大は見込めないのである。

天理教の誕生

天理教の教団が、一八三八年十月二十六日を立教の日と定めているのは、その日、教祖である中山みきが「神の社《やしろ》」に定まるという決定的な出来事が起こったからである。神の社が何を意味するかは教団のなかでも議論があるが、単純化して考えれば、みきが神そのものになったと考えていいだろう。天理教の主宰神である天理王命は、人類全体を生み出した存在であることから「親神《おやがみ》」であるとされており、みきもこの親神と同一視されている。つまり、みき＝親神＝天理王命であり、立教の日は神がこの世に出現した日と考えられているわけである。

立教の日に先立つ十月二十三日、みきの長男秀司《しゅうじ》が足の病にかかり、修験者《しゅげんじゃ》が中山家に呼ばれて、祈禱が行われた。その際に、神が降《くだ》る巫女の代理をみきがつとめたところ、「元《もと》の神、実《じっ》の神」と名乗る神が降り、みきを神の社としてもらい受けたいと言い出した。この申し出を受け入れるなら、世界中の人間を救うが、拒むなら、中山家を破滅させるというのである。そこから、みきに降った神と中山家の人々とのあいだで問答がくり広げられ、家族が申し出を拒むと、みき自身が苦しんだ。そこで、みきの夫、善兵衛《ぜんべえ》は、二十六日に、みきを神の社として差し上げると返答し、それでみきの苦しみもおさまったのだった。

この立教の出来事は、教団公認の教祖伝である『稿本天理教教祖伝《こうほんてんりきょうきょうそでん》』の冒頭に記され、現在の教団においては、啓示という位置づけがなされている。しかし、この出来事について述べた文書が登場するのは、みきや信者たちが警察からの厳しい取り締まりを受けるようになる一八八一（明治十四）年になってからのことで、立教の出来事はその時期に創作された可能性が高い。

実際、神の社と定まったはずのみきは、すぐには宗教家として救済活動をはじめることはなかった。周辺地域で妊婦をお産の苦しみから救う「お産の神様」として知られるようになるのは、そのおよそ二十年後のことで、教団組織が誕生するまでには、さらに二十年の歳月がかかっている。

みきは、妊婦を救う際に、「をびやゆるし」と呼ばれる行為を行った。それは、当時のお産にまつわる迷信を否定する点では合理的な性格をもっていたものの、妊婦の腹に三度息を吹きかけ、三度腹をなでるというもので、まじないと変わらなかった。それでも、をびやゆるしによって救われた人間たちがみきの信者となり、その名が地域に広まっていった。みきは、民間宗教家の一人として注目されるようになったのである。

既成宗教の影響

みきがお産の神様として地域の信仰を集めるようになると、同業の民間宗教家と対立するようになり、迫害も受けた。そこで、みきの長男秀司は、京都まで出向き、神社の総元締めである吉田家に入門する。吉田家の権威によって、周囲の民間宗教家からの迫害を避けようとしてのことだった。

ただし、吉田家への入門は、天理教を神道系の新宗教教団として組織化していく上で大きな影響を与えていくこととなった。

吉田家に入門した秀司は、そこで、中臣六根《なかとみろっこん》、御潔《おきよ》めの祓《はら》いといった神道式の儀礼を営む方法を学んだ。中山家に戻ってきてからは、神主の格好をして、それを実践した。みきは、周囲の人間たちに、七十歳になってから、自分は立って踊るようになったと語っており、天理教の儀礼で用いられる「みかぐらうた」が作られ、それにあわせて踊る「おてふり」が教えられるようになるのは、これ以降のことである。おそらくみきは、秀司が行っている神道式の儀礼に刺激を受け、そこから天理教独自の儀礼の方法を編み出していったのであろう。

また、吉田家の影響は、天理教の祭神にも及んだ。この時期、中山家では、現在の天理王命ではなく、天輪王明神《てんりんおうみようじん》という神を祀っていたが、その神は、『古事記』や『日本書紀』に登場する国常立尊《くにとこたちのみこと》、国狭槌尊《くにさつちのみこと》、豊斟渟尊《とよぐもぬのみこと》、大戸道尊《おおとのじのみこと》、大戸邊尊《おおとまべのみこと》、面足尊《おもだるのみこと》、惶根尊《かしこねのみこと》、伊弉諾尊《いざなぎのみこと》、伊弉册尊《いざなみのみこと》、大日孁尊《おおひるめのみこと》、泥土煮尊《ういじにのみこと》、沙土煮尊《すいじにのみこと》の十二柱の神が合わさったものだとされていた。

吉田家の神道である「吉田神道」においては、国常立尊を宇宙の根源的な神である「大元尊神」としてとらえ、一神教的な性格をもっていた。室町時代末期に吉田神道を集大成した吉田兼倶《かねとも》は、宇宙の根源神である国常立尊から自分に至る血脈を想定していて、そのなかには、天輪王明神を構成する十二柱の神のほとんどが含まれていた。その点で、組織化のはじまった天理教が、吉田神道の影響を強く受けていたことは間違いない。

「はじめに」でも述べたように、新宗教は既存の宗教的な伝統の上に登場するものであり、天理教も、既存の神道の伝統の上に、その宗教世界を築き上げていったのである。

しかし、天理教の場合には、神道だけではなく、仏教からも強い影響を受けているので、話は複雑になってくる。後に述べるが、天理教は、みきの死後、「教派神道《きょうはしんとう》」の一派として公認され、それから比較的自由に宗教活動が出来るようになる。そこから神道系の新宗教に分類されているが、民間信仰の世界から出現しただけに、仏教の影響も受けていた。

たとえば、天輪王明神であるが、天輪王の元は仏教の転輪王だと考えられる。釈迦が誕生したとき、将来において悟りを開いて仏陀になるか、世界の支配者である転輪王になるかそのどちらかだと予言されたという伝承があり、転輪王は、仏の世界と世俗の世界両方に通じる神聖王とされている。また、ぢばに据えられたかんろだいのもとになった「甘露《かんろ》」も仏教用語で、それは不死の妙薬とされている。

天理教迫害の原因

明治に入ってしばらくのあいだ、天理教は周囲からの迫害もなく、比較的穏やかに活動を展開していた。ただし、時代が変わることで、吉田家からの公認ということには意味がなくなり、しだいに警察の取り締まりを受けるようになっていく。

この警察による取り締まりについては、従来、天理教の教えが、近代天皇制に対立するものだったからという解釈がなされてきた。たしかに、天理教には、ぢばが人類発祥の地であることを根拠づける独自の神話が存在し、それは、『古事記』や『日本書紀』の記述とまったく異なっている。

天理教が近代天皇制に反抗したがゆえに迫害を受けたとする説を唱えたのは、主に共産党系の研究者で、政治運動が盛んだった一九六〇年代から七〇年代にかけて、そうした主張が積極的に展開された。

戦後の新宗教研究において、こうした共産党系の研究者が果たした役割は大きく、主な研究者としては佐木秋夫や村上重良がいた。とくに村上の場合には、天理教も含め、主だった新宗教についてはすべて原典にまで踏み込んで研究を行っており、今日でも新宗教研究に大きな影響を与えている。

村上の研究の大半は、客観的、中立的なものだが、それぞれの新宗教をどのように把握し、評価するかという点では、政治的な立場が色濃く反映され、新宗教全般を、民衆による反天皇制の運動としてとらえようとする傾向が強い。

天理教にかんしても、そうした立場から解釈されたが、天理教が警察の取り締まりを受けたのは、実際には反天皇制だったからではなかった。取り締まりは、一八七三（明治六）年に教部省から出された禁厭祈禱《きんえんきとう》を禁止する法令にもとづいていた。翌七四年には、教部省から、「禁厭祈禱ヲ以《も》テ医薬ヲ妨《さまた》クル者取締ノ件」という布達が出され、呪術的な信仰治療に頼って医者や薬を否定することが禁止された。

ところが、当時の天理教においては、「ビシャッと医者止めて、神さん一条や」と言われ、医者や薬を拒絶し、祈禱や呪《まじな》いによる信仰治療が実践されていた。そのために、取り締まりを受けたのであり、天皇制とはまったく関係がなかった。さらに一八八〇年には、今日の軽犯罪にあたる大阪府の「違警罪」の一項として「官許を得ずして神仏を開帳し人を群集せしもの」が取り締まりの対象に定められた(施行は八二年から)。天理教は、この違警罪も犯していた。

取り締まりを受けることは教団にとって痛手だった。しかも、教祖は高齢で、逮捕、拘禁はその健康を害する危険性をもっていた。そこで、刑法が改正された一八八〇年には、既成仏教宗派である真言宗の傘下に入ることで、迫害を避けようとした。

具体的には、高野山真言宗光台院の末寺である金剛山地福寺《じふくじ》へ願い出て、転輪王講社を結成した。その講社の社長は地福寺の住職がつとめ、秀司が副社長となった。中山家では、それまで天輪王明神を祀《まつ》っていた御簾のなかに、密教の星曼荼羅《ほしまんだら》と、正体は不明だが、木像を祀り、不動や稲荷と記した提灯をいくつも吊るしていた。その前では盛大に護摩《ごま》が焚《た》かれ、中山家はまるで密教寺院のような状況を呈していた。

ところが、転輪王講社が結成された翌年、その試みの中心を担っていた秀司が亡くなるという出来事が起こる。秀司という人物について、天理教の教団のなかでの評価は必ずしも高くはない。しかし、吉田家に入門したのも、転輪王講社を結成したのも秀司であり、彼は教団の中心を担っていた。秀司がいなければ、天理教の教団はもっと厳しい取り締まりを受けていたかもしれない。実際、彼の死後、くり返し厳しい取り締まりを受けるようになる。ほかの信者たちは、教団を守るために、既成宗教の傘下に入るといった試みには出なかった。

奇っ怪な老婆と愚民

秀司がいなくなることで、みきに代わって矢面に立つ人間がいなくなった。そのためみきの存在が社会的にクローズアップされていく。秀司が亡くなった直後、『大阪新報』(一八八一年七月十七日付)という新聞に、最近、大和国丹波市のあたりに奇っ怪な老婆が現れたという記事が掲載された。

その老婆がみきにあたるわけだが、彼女は自ら転輪王と称し、昼間はどこかに潜伏して姿を見せないが、夜中十二時をすぎると忽然とあらわれ、白衣をまとって白髪を振り乱し、あたりを徘徊しながら、「万代《よろずよ》の世界を一れつ見はらせば、棟《むね》の分かれた物はないぞや」といったことばを吐き、さらには、自分を信仰する者には、百五十年の長命を授けるといった妄言を吐いているという。

この記事は、天理教を揶揄《やゆ》したもので、信者たちを「近郷の愚民たち」などと表現しているが、その数は三百名以上にのぼり、大阪にも二百名以上の信者を抱えるまでになっていると報じている。実際にみきが神憑りをくり返していたことについては、信者たちも証言していて、それは「お出まし」と呼ばれていた。このお出ましの際に、信者たちはみきの吐くことばを書き留めていったが、意味不明なものも少なくなかった。

みきが亡くなる一八八七年の前年に、神道本局から管長の代理としてみきのもとを訪れた権中教正の古川豊彭《とよみち》は、みきとの面談後、その孫で、後に初代真柱《しんばしら》として教団を引っ張っていくことになる中山眞之亮《しんのすけ》を呼んで、「この人は、言わせるものがあって言われるのであるから、側にいる者が、法にふれぬよう、能く注意せんければならん」と忠告している。外部の人間からすれば、みきは精神に異常をきたしているとしか見えなかった。奈良県の社寺掛からも、「これは神経病や、大切にせよ」と言われたことがあった。みきがなめていた飴玉《あめだま》を口のなかから取り出して、くれようとしたと証言している信者もいる。

通常の感覚からすれば、みきの振る舞いは尋常なものではなかった。しかし、信者たちは、みきが激しい神憑りをくり返す姿を見て、それこそみきが神である証であると考えた。信者たちは、みきが神であることを前提とし、その前提の上にみきのふるまいを解釈し、そこから意味を引き出し、救済の可能性を見出していったのである。

教祖の死の意味づけ

そうした関係がもっともよくあらわれているのが、信者たちがみきの死に遭遇したときのことである。

みきは、警察による逮捕や勾留《こうりゅう》をくり返し経験していたが、最後に勾留されたのが、一八八六年二月下旬のことだった。このとき、みきは八十九歳の高齢であった。しかも、勾留期間は十二日間に及んだ上に、その冬は三十年来の寒さで、最低気温が氷点下四・二度を記録することもあった。

この勾留ののち、みきは、一度も屋敷から出ていない。寒いなかでの勾留は、相当に彼女のからだに響いたものと推測される。そして、翌一八八七年二月十八日にみきは九十歳で亡くなっている。

九十歳での死は、普通なら長寿をまっとうしたことになり、大往生と判断されるであろう。ところが、みきは生前、人間の寿命は百十五歳までと公言していて、信者たちはそれを信じきっていた。そのため、九十歳での早すぎた死に直面して、信者たちは、呆然としてしまった。予言は外れ、神の約束が守られなかったからである。

みきには後継者が定まっていた。それが、大工の棟梁《とうりょう》だった飯降伊蔵《いぶりいぞう》という人物である。彼はみきの生前から神憑りをし、その死後は、天理王命のことばを伝える役割を果たすようになる。その伊蔵に、みきの葬儀が行われた翌日の二月二十四日に神が降り、みきが百十五歳の寿命を二十五年縮めて信者たちの救済にあたるのだという意味のことばを下した。

このことばが下されるまで、みきの死から六日かかっている。当初は、誰もがみきの死に戸惑い、どうしていいかわからない状態に陥った。このままでは、人間の寿命は百十五歳までだというみきのことばは信憑性を失ってしまう。それは、みきが神であることへの疑いを生む可能性があった。そこで、みきの早すぎる死を宗教的に解釈するメッセージが伊蔵から発せられることで、教団は決定的な危機を回避することに成功したのである。

これと同じことは、キリスト教におけるイエス・キリストの死の場面でも起こっていた。神の子であるはずのイエスは、十字架にかけられて、むざむざ殺されてしまった。死に際しては、何も奇跡は起こらず、イエスはただ殺されただけだった。しかも、イエスは三十歳前後で若かった。そこで、埋葬されたイエスは三日後に蘇ったとする「復活」の信仰が生み出されていく。この復活の信仰は、キリスト教の核心に位置するもので、その点では、これによってキリスト教という新しい宗教が誕生したとも言える。

天理教の場合も、教祖の予期せぬ死という危機的な事態を、新たな信仰を生むことで乗り越えていった。さらに、教祖が自らの寿命を縮めてでも信者の救済にあたるという信仰は、「存《ぞん》命《めい》の理」という形で体系化され、教祖が生き続ける場としての教祖殿を生んでいった。みきは、自らの肉体を失うことで、本当の意味での神になった。その点で、今日の天理教の出発点は、みきの死という出来事にあったと言える。

搾取の宗教として

みきの死後、天理教は、公認をとりつけるための活動に、それまで以上に積極的に取り組むようになっていく。みきは、生前、そうした動きに対して一貫して反対の姿勢を示していた。そのみきがいなくなったことで、眞之亮を中心とした教団の幹部たちは、動きやすくなった。みき生前の一八八五年に、神道本局部属六等教会の設置を認可されたのを皮切りに、教派神道としての独立をめざす運動をくり広げていった。

そのためには、社会秩序を乱すことのない体制に順応した宗教であることを印象づける必要があった。教団では、教部省が出していた「教則三条（三条の教憲）」のなかにある、「天理人道を明らかにすべき事」ということばにもとづいて、その名称を天理教に改めた。一八九一年には、神道本局直轄一等教会に昇格し、一九〇八年にはようやく悲願だった独立を果たし、教派神道として公認されることになる。

公認を得る前から、天理教は、社会的に認知されることを求めて、政府に協力していった。戦争が起これば、航空機などを寄附したり、志願兵の応募に積極的に応じたりした。満州国が誕生すれば、満蒙《まんもう》開拓団にも参加した。教義の面でも、独自の創造神話などを表に出さず、教典も国家神道の体制に迎合するものに改めて布教を展開した。この教典は、『明治教典』という通称で呼ばれ、現在の教典とは区別されており、独自の神話を封印し、天皇とその先祖を神として祀ることを強調する内容になっていた。

天理教の教団の公称では、信者の数は、明治の終わりの段階で十万人程度だったのが、徐々に伸びていき、太平洋戦争に突入する頃にはその三倍の三十万人に増えていた。ただ、教会の数は、大正の終わりから昭和のはじめにかけて急増しており、この時期に天理教は都市部を中心に急速な拡大を見せたと言える。

天理教が急速な拡大を見せていた時代、天理教は「搾取の宗教」とも言われた。というのも、天理教を信じるようになった人間たちは、大半は庶民だが、信仰の証として布教活動にすべてを費やし、稼いだ金はみな教団に献金してしまったからである。

その背景には、「貧に落ちきれ」という天理教の教えがあった。『稿本天理教教祖伝』には、神の社となったみきが、際限のない施しを続け、それによって中山家は没落したと記されている。この伝承は明治の時代からあった。この教祖の振る舞いがモデルになり、天理教の信者には、教団への献金が勧められたのである。

しかし、みきが際限のない施しをしたという証拠は存在しない。地主であった中山家が没落したことは事実だが、それは米や綿の相場に手を出し、それで損失を被ったことが原因になっていた。むしろ、信者に献金を迫るため、そうした伝承が作られ、信者に伝えられていったものと思われる。

『人間の運命』で名高い作家の芹沢光治良《せりざわこうじろう》は、『教祖様』というみきの伝記を書いている。彼自身は、天理教の信者だったわけではないが、彼の両親は天理教の熱心な布教師であった。芹沢が言うには、両親が天理教の布教にすべてを捧げたため、子どもたちは塗炭の苦しみを味わわなければならなかったという。そうした経験があったために、芹沢は、天理教に対して否定的だったが、年を重ねるにつれて、しだいに信仰の世界に近づいていき、そこから『教祖様』が誕生した。そこに、信仰の不可思議さが示されている。

戦後における布教の失敗

天理教では、教団が発展していくにつれて、教祖の伝記を編纂し、それを信仰の基盤に据えようと試みるようになる。ところが、天理教は基本的に庶民の宗教であり、教祖伝を執筆できるような知識人は、教団のなかにはいなかった。そこで、教団外部の学者や小説家などに教祖伝の執筆を依頼し、それが書物になって信者のあいだで読まれていくようになる。小説家の場合には、物語を盛り上げるために、勝手にエピソードを創作したりした。みきの際限のない施しのエピソードも、そのなかに含まれるが、これによって、事実とは異なる教祖の歩みが信者に浸透していくことになった。

そうした教団外の執筆者による教祖伝は、「流布本《るふぼん》」と呼ばれ、教団公認の教祖伝である

「権威本《けんいぼん》」とは区別されたが、権威本が刊行されるのは、国家神道の規制を受けなくなった戦後になってからのことである。その最初の権威本が、『稿本天理教教祖伝』にあたるわけで、その編纂にあたっては、歴史資料の収集とその真偽の検討が行われた。ただし、すでに信者のあいだに定着し、信仰の基礎となっている教祖の物語をまっこうから否定するわけにもいかず、歴史と伝承とが混在するような形態のものになってしまった。それでも、『稿本天理教教祖伝』が刊行されたときには、それまで聞かされていた話と違いがあったため、信者からは戸惑いと反発が起こっている。

この『稿本天理教教祖伝』の刊行を含め、戦後の天理教は、国家神道の影響によって歪んでしまった信仰を正し、教祖の元の教えに回帰することを試みた。その先頭に立ったのが、みきの曾孫にあたる二代目真柱、中山正善であった。彼は、東大の宗教学科でも学んだインテリで、世界のめずらしい文物や稀覯本《きこうぼん》の蒐集家としても知られている。それが今日の天理参考館や天理大学図書館に結びついた。また正善は、皇族とも付き合いがあり、庶民である信者とは対極に位置していた。

そのこともあって、戦後の天理教は、創価学会などとは異なり、膨大な庶民を信者として取り込むことには必ずしも成功しなかった。現在、天理教の信者数は公称で百九十万人程度である。調査がないため、実数を明らかにすることは難しいが、実際の信者数は、多くても五十万人程度ではないだろうか。

　天理教について特徴的なのは、分派の数が多い点である。それも、みきの跡を継いだ飯降伊蔵の後、神のことばを取り次ぐ存在が、天理教の教団のなかに途絶え、誰もが天理王命の啓示を受けたと主張できるようになったからである。

　分派のなかで、もっとも名高いのが、天理教の元信者、大西愛治郎が大正時代のはじめに創立した「ほんみち（当時は天理研究会）」である。この教団は、一九二八（昭和三）年と三八年の二度にわたって、不敬罪などで取り締まりを受けている。

　天理教は、戦前において、新宗教のなかでもっとも規模の大きな教団で、その社会的な影響力も大きかった。また、熱狂的な布教活動を展開したことで、社会からの反発も大きく、さまざまな形で天理教批判がくり広げられた。

　戦後になると、創価学会などのより新しい新宗教の教団の方が活発な布教活動を展開したため、天理教にはさほど注目が集まらなかった。また、厳しい批判も受けなくなった。それだけ、天理教は日本の社会に定着したとも言えるが、活力を失うことで将来の発展は見込めない状況にある。天理教にかぎらず、新宗教の大きな課題は、その活力をいかに継続させていくかにある。

2——大本

『邪宗門』の作り上げた大本イメージ

日本の新宗教のなかで、大本《おおもと》ほど高い評価を受けている教団はほかにない（大本は、戦前には皇道《こうどう》大本、戦後には愛善苑《あいぜんえん》を名乗ったが、現在の正式の名称は大本なので、本書では大本を使うことにする）。一般に、新宗教に対する社会的な評価は決して高いものではない。その筆頭が創価学会で、創価学会のあり方や活動の内容、そして政治的な姿勢に対してはつねに批判が寄せられてきた。また、そのリーダーである池田大作名誉会長についても、独裁者、権力者であるとされ、嫌悪の対象になることもある。天理教の場合も、搾取の宗教として社会的に厳しい批判を浴びせられた時期があった。

それに比較すると、大本の場合には、大正と昭和の二度にわたって、権力による過酷な弾圧を受けたこともあり、権力に徹底して抵抗した新宗教として、とくに反権力の傾向をもつ人々からは好感をもって迎えられてきた。

大本が、そうした高い評価を受けるにあたっては、高橋和巳の小説『邪宗門』の影響が大きい。高橋は、吉川幸次郎に師事した中国文学の研究者だったが、同時に、小説家でもあり、『悲の器』や『憂鬱なる党派』などの小説で知られる。吉川の後任として京都大学文学部助教授に就任したものの、大学紛争のなかで辞職し、その翌年、三十九歳の若さで亡くなっている。『邪宗門』は、一九六五（昭和四十）年から六六年にかけて『朝日ジャーナル』に連載され、大きな反響を巻き起こした。

『邪宗門』であつかわれているのは、「ひのもと救霊会」と呼ばれる架空の宗教教団の歩みである。教団が権力からの厳しい弾圧を受ける点などで、明らかに大本がそのモデルになっていた。救霊会の二代教主にも行徳仁二郎という名がつけられており、それは大本の聖師《せいし》、出口王《お》仁三郎《にさぶろう》に由来する。

『邪宗門』の単行本は、政治運動、学生運動が勢いを増していた一九六六年に刊行されており、左翼の学生たちによく読まれた。そこから、大本＝反権力、反天皇制の宗教というイメージが定着した。ただし、小説のなかのひのもと救霊会のイメージと現実に存在した大本の実態とのあいだには相当に開きがあった。高橋は、ひのもと救霊会を徹底した平等思想にもとづく社会主義的な宗教運動として描いているが、現実の大本は、そうした枠にはおさまりきれない土俗的で混沌とした運動だった。

とんでもない小説

『邪宗門』とはまったく違った形で、大本を描いた小説に出口和明《やすあき》が書いた『大地の母』がある。この『大地の母』は、『邪宗門』ほど多くの読者を獲得したわけではないが、一部でカルト的な人気を博した特異な小説である。作者は、その姓が示しているように、出口王仁三郎の孫で、野上竜《のがみりゅう》のペンネームでオール讀物推理小説新人賞を受賞した小説家でもあった。

和明は、大本の教団の改革運動にも従事し、一九八〇年に三代教主だった出口直日《なおひ》の後継者をめぐって内紛が起こったときには、いづとみづの会の主宰者として独立し、宗教法人愛善苑を開いている。二〇〇二（平成十四）年没。

この『大地の母』は、全十二巻にわたる長大なもので、著者は、教団内部の人間としての立場を生かし、教団内に残された膨大な資料にあたるとともに、王仁三郎が生きていた時代を知る人々に徹底した取材を試みた上で、小説を執筆している。その点で、ただのフィクションとは言えない面をもっている。

興味深いのは、これを刊行したのが毎日新聞社だということで、毎日は、一九三五（昭和十）年に大本が二回目の弾圧を受けたときには、その先頭に立って反大本の社会風潮を煽動する役割を果たした。逆にそれが、毎日の大本への関心に結びついたのかもしれない。最近も、毎日新聞社からは、王仁三郎の妻で、初代教祖の娘である出口すみのことを描いた早瀬圭一『大本襲撃――出口すみとその時代』が刊行されている。

『大地の母』は、一九六九年から七一年にかけて刊行されているが、私はかなり後になるまで、その存在を知らなかった。私が、『大地の母』のことを知ったのは、一九八〇年前後のことで、今は古武術の実践者として知られる甲野善紀氏を通してだった。氏にはそのとき一度しか会っていないが、飯田橋の喫茶店で、甲野氏が『大地の母』の面白さについて熱く語ったときのことはよく覚えている。

私はそれに刺激され、図書館で借りて『大地の母』を読んだ。その当時、本は品切れで、借りて読むしかなかった。甲野氏が、話が進むにつれて、内容がとんでもない方向にむかい、毎日新聞社は恐れをなして、広告をあまり打たなくなっていったと語っていたことが、強く印象に残っている。

『大地の母』を読む前に、『邪宗門』は読んでいたし、やはり王仁三郎の孫である出口京太郎の『巨人　出口王仁三郎』なども読んでいた。小説家の富岡多恵子が、大本教の教祖について書いた『三千世界に梅の花』が刊行され、それを読んだのも、『大地の母』の存在を知った頃だった。

しかし、『大地の母』の内容は、そうした本のどれとも違っていた。そこでくり広げられている物語は、想像を絶するもので、物語のあまりにドラマチックな展開に、私は全十二巻を一気に読み終えた。『邪宗門』よりもその内容ははるかに強烈で、圧倒的だった。小説という形式はとられているものの、著者は、すべてが事実にもとづいているとも述べていた。著者の叔母にあたる直日は、著者に対して、嘘はいけないが、大本のすべてを、見苦しいことも含め、洗いざらい書くように言いつけたという。

『大地の母』がいかなる小説であるのか、とてもそれを説明することはできないが、全編を通してくり返されるのは、神話的なドラマであり、初代教祖である出口なおと王仁三郎の神憑りであり、二人に降った神同士の対立と抗争である。そこでは、当たり前のように奇跡的な出来事が起こり、時間さえも逆戻りしたりするのである。

王仁三郎という怪人

『大地の母』を読んで、私の大本に対する印象は一変した。そして、大本のことだけは研究すまいとも思った。それは、とても研究者があつかえるような世界ではなかったからである。大本に起こったことを合理的に解釈することなどできない。しかも、著者は、膨大なファクト（事実）にもとづいて物語を書いている。外部の研究者が資料を集めようとしても、到底そこまではいかない。大本にかんしての研究は不可能だという気持ちは、今も変わらない。

大本を研究することが難しいのは、何よりも、出口王仁三郎という人物が、常識をはるかに超えた存在だからである。王仁三郎の本名は上田喜三郎と言い、一八七一（明治四）年に京都府亀岡の貧農の家に長男として生まれた。これは、『大地の母』にも出てくるが、大本のなかでは、王仁三郎は有栖川宮熾仁親王《ありすがわのみやたるひとしんのう》のご落胤《らくいん》だという噂が広まっていて、王仁三郎自身も、歌のなかでそれを暗示していた。ところが、弾圧によって裁判にかけられた際には、周囲がそう噂するだけだとご落胤説を否定している。

王仁三郎は、天衣無縫で、破格の人物であり、常識では計り知れないところがあった。一九三五（昭和十）年の弾圧のときには、治安維持法と不敬罪に違反したとして裁判にかけられるが、法廷では珍問答をくり返し、猥談を交えて、裁判官を煙に巻いたり、裁判にあきると、足や腹、頭が痛いと大騒ぎし、休廷に持ち込んだりした。極めつけは、この裁判の一審で無期懲役の判決を下されたときで、後ろをむくと、舌を出してあかんべーをしたという。

王仁三郎の写真がいくつも残されているが、たいがいひさしのない帽子をかぶり、どこかとぼけた顔をしている。おかしいのは、七福神の格好をした写真で、布袋に扮した際には、その肥満した腹を突き出し、いかにも布袋という風体をしている。人前にすっ裸で出てきても平気で、和明によれば、暑いときは、すっ裸で仰臥し、天井から洗濯ばさみを紐でぶらさげて、脱脂綿をあてた睾丸をはさんでもちあげ、それを信者に団扇で扇《あお》がせていたという。

戦時中に保釈されてからは、楽茶碗の制作に精力を傾けるが、「耀盌《ようわん》」と名付けられた王仁三郎の茶碗は、どれも異様なほどカラフルで、楽茶碗の一般的なイメージからはかけ離れている。その奔放さ、色彩の豊かさは、岡本太郎の芸術にも通じる。王仁三郎はほかにも書画を残しており、今日でも展覧会が開かれたりしている。

王仁三郎の吸引力

こうした王仁三郎の天衣無縫とも言える魅力によって、大本には、さまざまな人間が集まってきた。

天理教の場合には、庶民が中心であった。大本の場合にも、病気治しを行っており、それに引かれて、庶民も信者となっていった。ただし、それにとどまらない面があり、大本にはインテリ層も多数集まってきた。最初は学生たちで、さらには知識人や軍人も王仁三郎の周囲に集まってきた。

大正時代に入って、大本が活発に活動するようになると、マスメディアは大本を批判し、文学博士の中村古峡《こきょう》は精神医学の立場から『大本教の解剖』という本を書いて、その非科学性を批判した。そんななかで、劇作家の小山内薫は、出口なおが神憑りの状態で書き記した「御筆《おふで》先《さき》」を集めた『大本神諭《しんゆ》』の「天之巻」を読み、大本に強い関心をもった。小山内は、第一次大本事件前年の一九二〇（大正九）年に『丹波の綾部』という大本教についてのドキュメンタリー映画を撮影し、これは明治座で封切られている。

芥川龍之介も、『大本神諭』を熟読したという。彼は海軍機関学校の教授として英文学を教えるようになったが、その前任者が大本の信者となった浅野和三郎《あさのわさぶろう》であった。浅野は、退任後、大本の本部のあった京都の綾部に移住するが、大本関係の本を学校に残していて、それを芥川が読んだのだった。

大本には、たんに宗教団体にとどまらず、精神革命、社会革命の運動としての性格があり、そこから陸軍や海軍の軍人たちのなかにも賛同者が生まれた。さらに、明治天皇の皇后である昭憲皇太后の姪である鶴殿ちか子が大本に入信するということもあった。彼女は鶴殿男爵の夫人で、岩下子爵や宮中顧問官だった山田春三も入信している。ほかにも、入信はしなかったもののさまざまな人々が綾部の王仁三郎のもとを訪れている。

大本の場合、そこから後に宗教界のリーダー的な存在が輩出されている点にも特徴がある。浅野和三郎の場合、第一次大本事件の後に教団を離れ、心霊科学研究会を結成し、日本におけるオカルティズムの先駆者となった。心霊科学研究会は、現在財団法人日本心霊科学協会として活動を続けている。

次の章で述べる生長の家の創立者、谷口雅春《たにぐちまさはる》も、大本にいたことがあった。浅野と同じように、第一次大本事件で教団を去り、一時は浅野の心霊科学研究会で活動していた。第七章で取り上げる世界救世教の創立者、岡田茂吉《おかだもきち》も大本に入信していたことがあった。また、古神道系の新宗教、神道天行居《しんどうてんこうきょ》の創立者、友清歓真《ともきよよしさね》も同様で、第一次大本事件前に、大本に失望し、教団を離れている。天理教も分派が多いわけだが、大本から分かれた人間たちは、神憑りする教祖的な人格というよりも、心霊現象や神道に関心をもつインテリ宗教家であったところに特徴があった。

金神の信仰から

しかし、大本が最初から、そのような多様性をもつユニークな新宗教だったわけではない。大本の出発は、むしろ天理教に近いものだった。

大本の教祖である出口なおは、天理教の中山みきが神憑りをするようになった天保年間、一八三六（天保七）年に、京都の福知山で桐村という大工の家に生まれた。なおは、綾部の出口家に養子となり、婿養子を迎えた。二人のあいだには八人の子どもが生まれたが、生活は貧しく、なおが五十三歳のときに夫が亡くなり、生活は困窮した。

そうした状況のなかで、なおは、みきと同じように神憑りするのだが、最初に神憑りをしたのは、他家に嫁いでいた三女で、初産がきっかけだった。続いて、やはり他家に嫁いでいた長女も神憑りし、長女の方はとくに激しかった。そして、なおは五十七歳のときに神憑りする。腹のなかに強い力を発するものがいて、それが突如大きな声となって表に出てきたのである。

この地域では、金光教《こんこうきょう》が勢力を伸ばしていた。金光教は、天理教と同様に、幕末維新期に生まれた新宗教の先駆けの一つで、教祖である赤沢文治こと金光大神《こんこうだいじん》は、天地《てんち》金乃《かねの》神《かみ》を信仰していた。この神は、もともとは陰陽道系の祟り神である金神《こんじん》だった。金光教の教祖は、金神が本当は幸福をもたらす神であると解釈し直し、それを信仰の対象とした。

なおは、この金光教に影響され、自らに宿った神を「艮《うしとら》の金神」としてとらえた。艮（丑寅）は祟り神が潜む鬼門の方角である。なおは、この艮の金神のことばを伝える役割を果たすようになった。注目されるのは、この艮の金神が、実は、国常立命《くにとこたちのみこと》であるとされている点だった。国常立命（尊）は、天理教の主宰神、天理（輪）王命を構成する神々の筆頭に位置づけられていた。天理教に影響を与えた吉田神道では宇宙の根源神とされ、『古事記』においては天地開闢《かいびゃく》のおり、最初にあらわれた神とされていた。つまり、名称は異なるものの、オーソドックスな神道でも、天理教や大本のような新宗教でも、神道系であれば、国常立命という同一の神を根源的な神として信仰の対象としてきたわけである。ここにも、「はじめに」で述べた、新宗教の古さが示されている。

最初、なおは、金光教の枠のなかで宗教活動を展開していた。病気治しを行って、信者を増やすとともに、やがて、神憑り状態で筆をとり、神のことばを書き記すようになる。それが御筆先だが、なおはその時点で、字を書けなかったとされている。なおは、亡くなるまで四半世紀にわたって御筆先を書き続けた。それをまとめたのが、小山内薫や芥川龍之介が読んだ『大本神諭』だった。

御筆先は、ほとんど平仮名で記され、その内容は、「さんぜんせかい　いちどにひら九　うめのはな。きもんのこんじんのよになりたぞよ」といったように、それまで祟り神として鬼門に封じ込められていた金神が世にあらわれたことを説き、世の立て替え、立て直しを進めることを求めるものであった。御筆先は、当時の社会体制を否定し、世界の根本的な革新を求める終末論的な予言になっていた。

金光教の場合には、神と人とが交わることを重視し、人の願いを神に取り次ぐことが宗教活動の中心で、終末論的な世直しの傾向をもってはいなかった。そのためなおは、次第に金光教との違いを意識するようになり、一八九七（明治三十）年には金光教から独立する。

大本の発展と最初の弾圧

なおを中心にそのまま宗教活動を展開していたとしたら、大本は、あるいは天理教のような発展の仕方をしたかもしれないが、ただの拝み屋的な民間宗教家の集団に終わっていた可能性もある。ところが、金光教からの独立の翌年、王仁三郎が出現することで、大本は、まったく違う方向にむかって歩み出していく。

王仁三郎は、修験道の修行をしたこともあり、神霊と交わり、その力を活用する「鎮魂帰神《ちんこんきしん》」の方法を学んでいた。王仁三郎は、なおの五女、すみと結婚し、稲荷講社所属の金明霊学会として活動を展開したものの、なお側近の幹部たちと対立してしまう。幹部たちは、あくまでなおの終末論的な予言を信じ、現存する社会体制を否定した。ところが、王仁三郎には開明的な部分が強く、社会変革の方向性をもっていたために、相いれなかったのである。

その対立から、王仁三郎は一時大本を離れ、京都にできた神職の養成機関、皇典講究分所に入って、神職の資格を得る。その後は、別格官幣《かんぺい》社である建勲《けんくん》神社の主典となり、教派神道十三派に含まれる御嶽教《おんたけきょう》や大成教（現神道大成教）の役員ともなった。そして、一九〇八（明治四十一）年、二年ぶりに綾部に戻ってくる。王仁三郎がいないあいだ、すっかり活動が停滞していた大本は、これで息を吹き返す。

王仁三郎は、『神霊界』という機関誌や『綾部新聞』という新聞を発行し、それを使って布教拡大を行っていった。鎮魂帰神の方法による神憑りの修行が実践できることが売り物で、すでに述べたように、さまざまな人間が綾部を訪れるようになり、金竜殿、黄金閣、五六七《みろく》殿といった建物も次々と建設されていった。

大正時代に入ると、日清、日露の二つの戦争に勝利をおさめた日本は、経済的にも大きく発展し、産業が勃興し、都市化も進んだ。そこに、「大正デモクラシー」と呼ばれる自由な文化が花開いた。しかし、一方で急速な近代化、工業化は、社会矛盾を拡大し、労働争議が頻発し、米騒動も勃発した。そうした時代のなかで、大本は、「大正維新」のスローガンを掲げて、社会の根本的な革新を説いた。そして、一九二〇（大正九）年には、大阪の有力な日刊新聞『大正日日新聞』を買収し、その影響力は格段に高まった。これによって、大本ブームが起こり、すでに述べたように、学生や知識人、軍人や貴族が入信するようになった。

そうした状況のなかで、大本の内部では、「大正十年立替之説」が唱えられるようになり、一九二一年には、世界が壊滅的に破壊され、その後に、新しい理想の世界が出現するという終末論的な予言が主張され、熱狂的に信奉されるようになる。日本にかぎらず、新しい宗教がこうした終末論的な予言によって、急速に勢力を拡大していくことはよく見られることである。

一般には、予言が外れることで、多くの信者は教団を去り、残った人間が、予言が外れたことを正当化する新たな教えを作り上げることで、危機を脱していくというのが典型的なパターンとなっている。大本の場合には、その過激な言動が警察権力による弾圧を招き、王仁三郎や幹部たちは、不敬罪や新聞紙法違反などで逮捕、起訴され、神殿も破壊された。これが、第一次大本事件である。

アジアへ

なおの方は、王仁三郎が表に立って活躍するにつれて、表舞台から退き、最後の段階では、御筆先さえ書かなくなる。そして、事件が起こる前の一九一八（大正七）年に八十三歳で亡くなっている。先にふれた出口和明の『大地の母』では、そこにいたるまでのあいだ、なおに降った天照大神《あまてらすおおみかみ》と、王仁三郎に降った素盞鳴命《すさのおのみこと》、あるいはなおの側からは悪神とされた小松林《こまつばやし》命《のみこと》とのあいだで激しい対立、抗争がくり広げられたことになっている。そうした話は、大本についてあつかった他の書物には出てこない。

この事件によって、大本は大きな打撃を受ける。すでに述べたように、浅野和三郎や谷口雅春などは大本を去ることになる。しかし、王仁三郎の活動は、事件後、より大きなスケールで展開されることになる。

一つは、『霊界物語』の口述開始である。王仁三郎は、なおと出会う前の青年時代、亀岡の高熊山で一週間にわたって修行をしており、『霊界物語』はその修行の際に体験したことをもとにしている。

『霊界物語』は膨大で、全八十一巻八十三冊にも及んでいる。口述は、神憑りの状態で行われたというが、内容は多岐にわたっていて、全体は小説的な物語として展開されている。予言的な部分も多く、満州事変や満州国の建国、あるいは日中戦争や第二次世界大戦についての予言を含んでいると言われている。

またその一方で、王仁三郎は、大陸進出を果たしていく。それはやがて、第二次大本事件にも結びついていくことになるのだが、大本の存在を、日本だけではなく、アジア全体に広めるのに貢献した。

国内では、事件の影響によって、大本は『大正日日新聞』を手放さなければならなくなる。大陸進出が構想されたのも、国内での運動が思うに任せない状況が生まれたからだろうが、日本の大陸進出が進むなかで、その流れに乗る形で、大本はアジアへその活動範囲を広げていくことになる。

王仁三郎は、事件前から、国際的な共通言語として作られたエスペラントに関心をもっていたが、ロシアの盲目の詩人、エロシェンコやバハイ教徒との出会いから、エスペラントの本格的な普及に力を注ぐようになる。また、中国の宗教的な慈善活動団体、世《せ》界紅卍字《かいこうまんじ》会《かい》と連携する。一九二四年には、内蒙古にわたり、軍閥の抗争に巻き込まれ、危うく難を逃れるが、蒙古に進出した目的は、新蒙古国を作り、日本の失業者の問題や食糧問題を一挙に解決することにあった。こうした計画を進めるなかで、王仁三郎は、中国の軍閥や日本の右翼の大物、頭山《とうやま》満《みつる》や内田良平などとの関係を作り上げ、中国や日本のなかにそのネットワークを広げていく。

王仁三郎は、頭山や内田などを発起人にして、諸宗教が連携する組織として、「世界宗教連合会」を立ちあげる。本部は、北京におかれ、普天教、道教、救世新教、仏陀教、回教、仏教、キリスト教などが参加した。そして、一九二五年、大本の社会実践団体として「人類愛善会」を組織する。これは、宗教的精神にもとづく世界平和の実現を目的とした運動体で、アジアを越えて、世界に広がりをもっていく。なおは、外国の影響を忌み嫌っていたが、王仁三郎はそれとはまったく反対の方向に大本を引っ張っていったことになる。

人類愛善会の機関紙である『人類愛善新聞』は、旬刊ながら、一九三四年には発行部数が百万部を超えた。大本はブラジルやメキシコ、ヨーロッパにまで布教師を派遣して進出し、王仁三郎の方は、アジア各地をまわり、各種団体と連携するとともに、南洋諸島の開発にまで手を染める。先進的なのは、メディア・ミックスの方法を用いて宣伝活動を展開した点で、音楽部を作ってレコードを出したり、映画製作にも乗り出したりした。

第二次大本事件とその後

王仁三郎が、今日生きて活動していたとしたら、つねに話題を提供する点で、テレビのワイドショーの格好のネタになっていたことだろう。王仁三郎は、日本がアジアに進出していくなかで、その波に乗り、それまで結びつきをもっていなかった個人や団体を結びつけ、ネットワークを広げていった。そのネットワークは、広がりをもてばもつほど、そこにかかわる個人や団体にとっては有効性を発揮する。そこで、多くの個人や団体が王仁三郎とつながりをもとうとした。教祖という存在は、もともと神と人とを繋ぐメディア（媒介者）であったが、王仁三郎は人と人とを繋ぐメディアとしてもその役割を遺憾なく発揮した。こうした宗教家は空前絶後の存在である。

しかし、日本を含め、アジア各地においては、さまざまな形で社会矛盾が噴出していた。大本には、当初から世の立て替えという考え方があり、社会変革の志向性があった。そのため、一九三四（昭和九）年には、今度は昭和維新を掲げて「昭和神聖会」が組織される。

昭和神聖会は、決して反体制的な政治運動ではなく、会の賛同者には、大臣や貴族院議員、衆議院議員、陸海軍の将校なども名を連ねていた。具体的な活動計画が明確ではなかったものの、この昭和神聖会が瞬く間に急成長したことは、国家権力にとっては脅威であり、一九三五年十二月、大本は国体の変革をめざしているとして、警察の大々的な取り締まりを受け、王仁三郎以下教団の幹部たちは不敬罪や治安維持法違反で逮捕された。大本の施設は徹底的に破壊され、メディアはいっせいに反大本のキャンペーンをはることになる。これが、第二次大本事件である。

一九三五年といえば、満州事変の四年後のことであり、日本はまさに十五年戦争の時代に突入していた。国家の総力を結集して戦争にあたらなければならないなかで、大本のようなアジア全体に広がりをもつような運動は、ときに日本の国益に反する活動を展開する可能性があった。その点で、大本の活動が許容されることは難しかったであろう。この第二次大本事件によって、王仁三郎の破天荒な活躍には、芸術の分野を除いて、終止符が打たれることとなった。

裁判にかけられた王仁三郎は、すでに述べたように、持ち前のユーモアの精神を発揮し、法廷で裁判長と珍問答をくり広げたりした。しかし、一九四〇年、一審では王仁三郎に無期懲役の判決が下されたほか、信者たちは有罪判決を受ける。王仁三郎は、六年八ヵ月にわたって獄につながれ、日本の敗戦によって、控訴中に大赦となった。

戦後、大本の教団は再建されるものの、一九四八年に、王仁三郎は亡くなっている。王仁三郎なきあとの教団は、すみや直日のもと、農業運動や平和運動に力を注ぐものの、王仁三郎生前の時代のように、運動として大きく発展することはなかった。しかも、内紛から教団は分裂し、その点でも力を失っている。逆に、戦後目立った活動を展開しなかったことで、『邪宗門』などを通して、イメージアップに成功したとも言える。

3——生長の家

激減した信者数

新宗教の教団の信者が、いったいどれほどの数になるのかは、興味深い事柄であり、社会的な関心ももたれている。しかし、これほど分かりにくいものはない。

新宗教を含め、宗教法人を管轄しているのが文化庁の宗務課である。宗務課では、毎年、『宗教年鑑』を刊行しており、そこには宗教法人としての認証を受けている各教団の信者数も掲載されている。ただ、宗務課では実態調査を行っているわけではなく、各教団が申告した数をそのまま載せている。それは、「公称」の数字であり「実数」ではない。

ほかに、宗教法人の信者数についての調査はない。それは必要なことかもしれないが、それぞれの教団は地盤とする地域を異にしており、そうした調査を行うなら全国調査を実施しなければならない。それだけの規模の調査はとても無理だ。最近では個人のプライバシーの問題が言われ、信仰の有無や、その対象を問うような調査はかなり難しくなっている。

そうした状況のなかで、生長《せいちょう》の家《いえ》は一度興味深い試みを行ったことがある。一九八〇年代に、誇大な数字を改め、実情にあった信者数を発表するようになったからである。その結果、三百万人とされていた信者数は八十万人程度にまで激減した。これは、大量の脱会者があったからではなく、数字を調整した結果である。

その点で、生長の家の信者数の減少は、数字の操作によるものということになるが、そうした操作をしなければならなくなったのも、公称の信者数と現実とのあいだに大きな開きが生じ、あまりに不自然になってきたからである。生長の家は、戦前において、あるいは戦後の一時期、時代の空気をつかみ、その勢力を拡大した。しかし、時代が変化することで、信者数を減らすことになってしまったのである。

ただ、生長の家がもう一つ注目されるのは、海外における信者数の多さである。海外の信者数は、数百万人に達すると言われる。国内の信者数よりも多く、逆転現象が起こっている。こうした新宗教の教団は、日本ではめずらしい。生長の家は、国内では沈滞していても、国際化には成功しているのである。

大本へ

生長の家の創立者である谷口雅春は、一八九三（明治二十六）年十一月二十二日、現在の神戸市兵庫区烏原町東所に谷口音吉・つまの次男として生まれた。本名は正治であった。谷口は、叔母であるきぬのもとに養子に出され、子ども時代にはきぬの夫である又一郎の石津姓を名乗っていた。やがて大阪市立市岡中学に入学し、そこで国語の教師の影響もあって文学に目覚める。文学を志すために早稲田大学の文学部へ進学した。当時の早稲田は文学のメッカで、谷口の同窓生には、直木三十五、青野季吉《すえきち》、西条八十《やそ》、坪田譲治などがいた。

谷口は、当時流行していた自然主義にはあきたらず、プラグマティズムの哲学者であるウイリアム・ジェームズの思想やオスカー・ワイルドの耽美主義、さらにはトルストイの人道主義に魅かれていく。こうした文化や思想に関心をもった教祖はめずらしい。

耽美主義と人道主義に魅かれた谷口は、早稲田在学中に一人の前科者の女性と出会い、学業を捨ててまで、彼女を不幸な境遇から救おうと考える。だが、経済力がないために果たせず、そのうえ、二人の関係が郷里に知れたことで学資を止められる。やむなく大学を中退し、摂津紡績に技術練習生として入社する。

摂津紡績時代の谷口は、工場で低賃金の労働者として働く一方、大学で学んだ英語の知識を生かし、イギリスで発行されている紡績関係の雑誌を読んで知識をたくわえ、記事を翻訳し、雑誌に掲載して原稿料を得ていた。しかし彼は、三角関係に陥ったり、資本主義の世界に対する疑問から、工場長と激論したことをきっかけに工場をやめる。そして、心霊治療や催眠術に関心をもつ。やがてそれは大本への入信に結びつく。

大本で文才が認められた谷口は、機関誌の編集や聖典である『大本神諭』の編纂作業に当たり、大本の霊学の体系化にも力を注ぐ。そして、一九二〇（大正九）年には、『皇道霊学講話《こうどうれいがくこうわ》』という最初の書物を東京の新光社から出版した。それでも、個人の罪の問題に強く関心をもっていた谷口には、神による最後の審判を強調する大本の路線には違和感があった。

時の政府は、世の終わりを説き、急成長をとげていた大本に警戒心を強め、教団の調査を行っていて、一九二一年二月十二日早朝、不敬罪ならびに新聞紙法違反の容疑で大本の本部などを家宅捜索した。「第一次大本事件」である。谷口は逮捕を免れたが、聖師、出口王仁三郎は中心人物として獄につながれた。

王仁三郎が勾留の執行停止で出獄中、『霊界物語』の口述をはじめ、谷口はその筆記に当たるが、大本への信仰に疑問を持つようになっていた彼には、その仕事は苦痛以外のなにものでもなかった。さらに、大阪の控訴院から大本の開祖である出口なおが神憑りで記した「御筆《おふで》先《さき》」と、それを王仁三郎が漢字混じりに書き直したものとを比較対照し、不敬罪に該当する箇所がないかを調査する作業を依頼され、谷口は御筆先をすべて読むこととなった。

彼はその作業を通して、教団の発表した予言にくいちがいがあり、前年の予言のうちで当たったものだけが機関誌に掲載されている事実を知った。さらには、御筆先のなかに、「天照皇大神宮、地は出口の血すじで治めるぞよ」といったことばを発見し、出口家を天皇家に代わる地上の権力者にしようとする啓示に決定的な疑問を感じる。

大本からの脱退

谷口は、第一次大本事件から半年後には、京都鹿《しし》ヶ《が》谷《たに》にあった一燈園《いっとうえん》という宗教的な共同体に出向いたこともあった。谷口は、大本のなかにあって、清貧、篤信の生活を貫いたキリスト教の聖人フランシスに自らをなぞらえ、「大本のフランシス」と称していた。彼は一枚の着物しかもたず、その上を縄一本結ぶだけの姿をして、水行や断食などの修行に専心し、菜食主義を実践していた。そんな谷口にとって、「他を凌いでならば生きまい、許されてならば生きよう」として、無我の奉仕の生活をモットーとする一燈園の生活や思想には強く魅かれるところがあった。

一燈園の創立者は西田天香《てんこう》である。トルストイに影響を受けた西田は、便所掃除をさせてもらいながら家々を渡り歩く「路頭行願《ろとうぎょうがん》」を実践していた。谷口が訪れる直前に、西田は『懺悔の生活』という本を出版し、それがベストセラーになっていた。精神性の追求への関心が高まっていた大正時代の風潮に合致したからで、一燈園への関心も高まっていた。谷口もそれに影響されて、一燈園を訪れたのだろう。現在では、「祈りの経営」を掲げるダスキンの創業者、鈴木清一がこの一燈園の影響を受けている。

谷口の訪問について、一燈園の側は、機関紙で「宗教家としては大本教にあつて色々深い研究と体験を重ねてゐられる谷口正治さんがきて呉て矢張托鉢をまでして五日間共禱された」と好意的に受けとったが、王仁三郎は、『霊界物語』のなかで、「鰐口蛇冬《わにぐちまがふゆ》が一等厭へ行って云々」と記しており、谷口の行動は王仁三郎の意には沿わなかったようだ。

谷口は、大本で結ばれた夫人の輝子とともに脱退の決意を固める。大本の教団のなかで最後の審判が起こると予言されていた一九二二（大正十一）年五月五日は、すでに何事もなく過ぎてしまっていた。谷口夫妻が大本を去ったのは、その年の十月のことだった。その前日の夜には、教団の血気にはやる青年たち数名が谷口を襲撃しようとして、まちがって別の人間に重傷を負わすという事件もあった。

谷口は、いったんは神戸に戻るが、著述家になることをめざして上京し、浅草の職人の家の二階に間借りして、『聖道へ』と題された二冊目の本を書き上げる。これも新光社から出版されたが、これに西田天香が序文を寄せている。西田は谷口について、「著者は、私の見るところでは、最も大きく疑って、最も鋭く且正しく考へをおひよせてゆく人のやうである」と評した。このことばは西田自身の生き方にも通じるものがある。

しかし、『聖道へ』における谷口には、まだ迷いがあった。彼は、西田だけではなく、倉田百三《ひゃくぞう》や武者小路実篤《むしゃのこうじさねあつ》、あるいは『死線を越えて』というベストセラーを出して労働運動に入っていった賀川豊彦、百姓愛生活を提唱した江渡狄嶺《えとてきれい》などの思想を取り上げ、その検討と批判を行っていた。けれども、彼独自の思想を切り開いたとはいえなかった。谷口は、本来の理想的な「無想不二なる世界」と、現実に存在する「差別の世界」とを区別してはいたものの、理想と現実とのギャップを克服する手だてを見いだしてはいなかった。したがって、彼の信仰は消極的なものにとどまり、毎日が憂鬱であったという。

谷口は、自らの思想を確立するために、続けて『神を審判《さば》く』という長編小説を執筆し、一九二三年八月の末には本ができあがった。ところが、書店に配本されるちょうどその日に関東大震災が起こり、本は灰燼《かいじん》に帰してしまった。ほかに、二編の長編小説の原稿を出版社に預けていたが、それも焼失してしまった。

輝子はそのとき子どもを身ごもっていて、十月に郷里の高岡で女児を出産し、十二月には夫婦で神戸に戻って、養父母の家に同居している。しかし、育児をめぐって養父母と対立し、谷口は神戸の三宮にあったヴァキューム・オイル会社に翻訳係として雇われ、経済的な自立を果たし、養父母と別れて阪神沿線の住吉村に居をかまえる。そこで彼は宗教的な悟りを経験し、その根本的な思想である「実相論《じっそうろん》」を確立するにいたる。

生長の家の誕生

谷口は、出勤前に近くにあった本住吉神社に参拝するのを日課にしていた。ある日彼は、「色即是空《しきそくぜくう》」ということばを思い浮かべながら静座して合掌瞑目《がっしょうめいもく》していた。すると、どこからともなく大波のような低く、威圧するような声がして、「物質はない!」と聞こえた。つづけて「空即是色」を思い浮かべると、また、「無より一切を生ず」という声が返ってきた。

彼は、この問答を通して、彼自身がコントロールに苦労してきたこころというものが実在せず、その代わりに実相があり、その実相こそが神であると悟る。すると、「お前は実相そのものだ」という天使たちが自分を讃える声が聞こえてきた。

谷口は、自らの悟りを広く伝えるために雑誌の刊行を考える。そして、会社に勤務するかたわら旺盛な執筆活動を開始し、一燈園の『光』、倉田百三の『生活者』それに『新時代』といった雑誌に文章を発表する。一九二八(昭和三年)には、宗教について話し合うための「求道者の会」の結成を呼びかけ、自宅でも京阪神方面の賛同者を集めて会を開いた。正治から雅春へと改名したのも、この頃であった。

谷口自身は新しい雑誌を創刊し、運動を進めていくには、資金も時間的余裕も欠けていると考えていたが、例の声は彼に「今起て！」と呼びかけてきた。決して彼は無力ではなく、力も与えてあるというのだ。彼が「実相はそうでも、現象の自分は……」と、戸惑いを見せると、頭のなかでは、「現象は無い！　無いものに引っかかるな。無いものは無いのだ。知れ！　実相のみがあるのだ。お前は実相だ、釈迦だ、基督だ、無限だ、無尽蔵だ！」という声が鳴り響いた。

谷口は、こうして自らの内なる声に促され、雑誌『生長の家』創刊号を刊行する。一九二九（昭和四）年の大晦日に一千部の雑誌が刷り上がった。彼は、正月早々、「求道者の会」に賛同した仲間を中心に、『生長の家』を無料で進呈していく。生長の家の運動の目的は、「心の法則を研究しその法則を実際生活に応用して、人生の幸福を支配するために実際運動を行ふ」こととされた。ここに、生長の家という新しい宗教運動が誕生した。

生長の家の宗教運動としての特徴は、雑誌の出版を主体としているところにあった。それは、谷口が中退したとはいえ、早稲田大学に学び、英語の思想書を読む力を身につけ、文才に恵まれていたからこそ可能な方法だった。またそこには、彼がかつていた大本の影響もあった。大本では、出版事業に力を入れ、機関誌を広く販売するとともに、新聞社の買収なども行っていた。谷口は、大本のメディア宗教としての側面を積極的に活用したのだった。

現世利益実現の宗教へ

谷口は、その教養を生かして、仏教やキリスト教の思想を自らの教えのなかに取り込み、彼が世界の本来のあり方としてとらえた実相の世界を説いていった。実相の世界は、すべてが調和した完全円満な神の世界とされた。ところが、現象の世界に生きる人間の「念のレンズ」は歪み、その結果、神の世界と人間の世界とに不一致が生じた。谷口は、「汝ら天地一切の物と和解せよ」と言い、迷いという念のレンズの曇りがなくなれば、地上にも神の世界が現れると説いた。

念のレンズの曇りをとるための方法として開発されたのが、「神想観《しんそうかん》」であった。それは、神との一体感を深めるために、合掌正座して行う生長の家独特の祈りであった。そして、雑誌の『生長の家』は、「雑誌の形をした聖書」であるとされ、雑誌を購読する会員、誌友の間では「神誌」と呼ばれるようになる。その神誌を読んで、谷口の説く実相の世界について学ぶための組織として各地に支部が作られていった。

雑誌『生長の家』が神誌として受け入れられたのは、雑誌を読んだだけで病気が治ったという人間があらわれ、それに感謝する手紙が多数谷口のもとへ寄せられたからだった。谷口は、こうした反響を踏まえ、すべての病いはこころの影、つまりは想念の曇りによるもので、病気は本来実在するものではないと説いた。『生長の家』の雑誌を読めば必ず病気が治るとまで言われるようになる。これは、天理教が、医者や薬をすべて止め、信仰のみによって病が治ると宣伝したのに似ている。

こうして、生長の家は現世利益の側面を強調するようになっていくが、それはあくまで実相という本質に気づいたことの証として哲学的に解釈され、他の宗教とはちがって特殊な祈禱などを行うことがなかったために、生長の家は哲学的でインテリ向きの宗教だというイメージを保持していた。

一九三三（昭和八）年には、生長の家の芸術運動を推進するために、『生長の家』の姉妹誌として、『生命の藝術』誌が創刊された。この雑誌には、山根《やまね》八春《やつはる》、伊東種、片岡環、そして松本竣介《まつもとしゅんすけ》といった画家や彫刻家が加わった。

一九三〇年代から四〇年代に活躍し、一九四八年に三十六歳の若さで亡くなる知性派の画家松本竣介は、父や兄の勧めもあって、熱心な生長の家の信者になり、兄とともに『生命の藝術』の編集に携わった。モダンな都会の絵が得意だった松本と、従来の土着的な宗教を脱したインテリ向きの生長の家とはたしかに相性はよかった。松本は、雑誌『生長の家』の表紙の絵も描いている。

しかし、三年ほど信者を続けた松本は、生長の家を離れる。彼は、生長の家を通して結ばれた妻の禎子《さだこ》に対して、「谷口先生は神様になって遠くへいってしまわれた」と語っていた。彼の父も、谷口の言行不一致に怒りをあらわにしていた。松本は谷口に別離の手紙を書く。松本親子が反発を感じたのは、生長の家が哲学を説く思想団体から次第に現世利益を強調する宗教団体へ変質してしまったからである。

かつてない誇大広告

一九三四年の夏、谷口夫妻は神戸から東京に移り、自分たちの運動を「人類光明化運動」と名付け、その主体となる組織として「株式会社光明思想普及会」を結成する。そして、最初の事業として、翌年から『生長の家』の合本である聖典『生命の実相』全集普及版全十巻の刊行を開始する。

『生命の実相』は、光明思想普及会の支部を通して希望者に配布するシステムがとられ、その広告は全国の主要新聞に全三段あるいは全五段ぬきで、毎月数回にわたって掲載された。そこには、書籍の紹介だけではなく、谷口の教えや病気治癒の事例までが載せられていた。この奇抜で大胆な宣伝活動には、十七万二千円という巨費が投じられた。そのかいあって『生命の実相』の第一巻だけで五万三千部も頒布された。最近では、新宗教の教団が、教祖の著作を大々的に宣伝し、多くの部数を売りさばいている事例が目立つが、その先駆けは生長の家だったのである。

これだけの宣伝を行えば、社会から注目を集めるだけではなく、批判も覚悟しなければならない。ジャーナリストの大宅壮一は、「『生長の家』を解剖する」という批判記事を『日本評論』という雑誌に寄稿している。大宅は、『生命の実相』を読みさえすれば、万病が治り、すべての危険が避けられ、就職は絶対確実で、貧乏が向こうから逃げていくというほど素晴らしい誇大広告がかつて新聞紙上に現れたことがあっただろうかと皮肉っている。なにしろ、生長の家の出版物に載せられたご利益譚は、「太田某は、顔を剃ると必ずカミソリで一箇所は傷を作っていたが、生長の家に入ってからちっとも顔を切らなくなった」といった非科学的なものだったからである。

大宅は、生長の家の根本思想は、素朴で原始的な唯心論にあり、「病いは気から」という俗説を「盲滅法」に普遍化し、それを神秘化して宗教に仕立てあげ、徹底した商品化をめざしていると分析している。そして、宗教の専門家が谷口の教えは出鱈目だと批評しても、生長の家の「お得意先」は宗教のアマチュアであり、正確な知識はかえって商売の邪魔になると指摘していた。

谷口が、大本に入信し、西田天香に教えをこい、神の声に押されるようにして『生長の家』の雑誌を発刊するようになるまでは、彼自身が悩みを抱え、そこから抜け出る道を模索していた。彼は仏典や聖書をひもとき、さらにはアメリカに生まれた新しい宗教運動、クリスチャン・サイエンスやニュー・ソートの流れをくむ思想を学んだりもした。その時代の谷口は、自己の人間としてのあり方を哲学的に深く極めようとしており、その苦闘が文章にも表れていた。

しかし、雑誌『生長の家』が刊行され、大宣伝の効果もあって、多くの読者を獲得すると、谷口の姿勢も変化していった。彼は、各地の誌友たちの間をまわって、誌友会や講演会を開いていったが、そうした場に集まってきた人間が望んでいたのは、難解な哲学ではなく、現実の社会でよりよく生きるための具体的な方法であり、彼もそうした読者の期待に応えていった。

たとえば谷口は、経済の問題については、マルクスの唯物史観に対抗する思想として唯心史観を強調した。神は、富を無尽蔵に生み出す「無限供給者」としてとらえられ、近代の経済組織は万一の時を恐れて節約にはげむ人間の恐怖心にもとづくもので、そのために富が一部の人間に蓄積され、十分に流通しなくなったのだと説かれた。その恐怖心さえなくせば、神によって十分な財が与えられるというのである。

まったく強引な論理だが、神の世界を、すべてが満ち足りた理想世界としてとらえ、そこに到達するためにはこころの持ち方さえ変えればいいという、新宗教全般に共通した教えは、その前提や有効性を証明できないにしても、広く大衆のこころをとらえた。だからこそ、「万病が治り、すべての危険が避けられ、就職は絶対確実で、貧乏が向こうから逃げていく」という宣伝文句に魅かれて、『生長の家』の読者は急増した。こうして生長の家は、「大衆宗教」としての道を歩みはじめる。谷口は、一人の求道者から宗教団体の教祖へと変貌していた。

天皇への帰一

これは、新宗教のどの教祖にも共通することだが、谷口には大衆のこころをつかむ才能があった。本来は哲学的で難解であるはずの実相についての考え方を、病気治しという現世利益に結びつけたところに、その才能が示されていた。さらに谷口は、一九四〇年に宗教団体法が施行され、生長の家が宗教結社として認められると、天皇信仰を強く打ち出す。

谷口は、「すべて宗教は、天皇より発するなり。大日如来も、釈迦牟尼仏も、イエスキリストも、天皇より発する也。ただ一つの光源より七色の虹が発する如きなり。各宗の本尊のみを礼拝して、天皇を礼拝せざるは、虹のみを礼拝して、太陽を知らざる途なり」と主張した。谷口には、これも各宗教の連携をめざした大本の影響かもしれないが、すべての宗教の元は同じだとする「万教帰一《ばんきょうきいつ》」の考え方があり、彼はその根源を天皇に求めようとした。こうして、哲学的な概念としての実相は、天皇という実体を与えられた。

戦争への道を歩んでいた当時の日本社会においては、神道をすべての宗教を超越した国家の祭祀とする体制が確立されており、すべての宗教が帰一する先を天皇へと求めることは、時代の流れに沿うものであった。それは、日蓮の信仰と皇国史観とを合体させ、五・一五事件や二・二六事件といった軍部のクーデターにも影響を与えた田中智学などの「日蓮主義」の思想とも重なり合っていた。谷口は、天皇信仰を核に据えることによって、生長の家の存在意義を社会に向けて強くアピールしようと試みたのである。

太平洋戦争が勃発すると、谷口はそれが「聖戦」であると主張し、中国軍を撃滅するために「念波」を送ることを呼びかけた。さらには、米英との和解を断固退け、文部省が編纂した『国体の本義』の内容が手ぬるいとして、文部大臣を機関誌の誌上で叱ったりもした。だが、あまりに過激な天皇信仰の主張は、体制側には好まれなかった。しかも、戦時体制のもとで、印刷用紙が不足したことが、雑誌を核にして運動を展開してきた生長の家にとっては決定的な痛手となった。一九四四年には、雑誌も単行本もいっさい発行できなくなってしまった。

皮肉なことに、谷口が聖戦としてとらえた太平洋戦争に敗れることで、雑誌の復刊が可能になり、生長の家は、雑誌を通しての活動を再開させることができるようになった。谷口は、「日本は決して負けたのではない」「ニセ物の日本の戦いは終わった」と敗戦を合理化し、国体が滅びたのではないことを強調する一方で、生長の家の教えのなかには、「本来戦い無し」のことばがあるとし、生長の家が平和主義を説いていたと主張した。

いかにも御都合主義の弁解だが、一九四五年十一月には、日本の復興をめざして社会事業団を設立し、天皇制の護持を唱えて全国精神主義連盟を結成した。けれども、谷口の戦時中の言論活動が超国家主義であったとして公職追放されたため、そうした事業や運動は思うように進まなかった。

時代の変化と運動の衰退

ところが、国際情勢の変化は、生長の家に新たな活躍の場を与える。東西の冷戦によって、日本の国内でも、六〇年安保などをめぐって、保守と革新、右翼と左翼の対立が激化すると、生長の家の天皇崇拝や国家主義、さらには家制度の復活などの主張は、保守勢力に支持され、社会的な影響力を発揮するようになった。

生長の家は、明治憲法復元、紀元節《きげんせつ》復活、日の丸擁護、優生保護法改正などの主張を展開した。戦前に教育を受け、戦後の民主主義の社会に違和感をもつ人間にとって、生長の家の主張は自分たちの考えを代弁するものとして受け入れられた。戦後の生長の家は、百万人を超える大教団へと成長していく。

生長の家は、海外にも進出していくが、もっとも成功をおさめたのは、ブラジルにおいてである。ブラジルでの活動は一九三二年にはじまるが、戦後になるまで、目立った活動は展開していなかった。ところが、日本が戦争に敗れ、ブラジルに移民した日系人の民族的なアイデンティティーが問われるようになると、生長の家は、それを与える運動としての役割を果たすようになる。そして、一九六〇年代に入って、ブラジル人に対して積極的に布教活動を展開するようになり、生長の家を信奉する人間の数は、二百五十万人にも及ぶようになる。

生長の家は、ブラジルの社会に深く浸透しているカトリックの信仰を否定していない。つまり、カトリックのまま生長の家に入れるわけで、彼らが生長の家の信者であるとは言い切れない。ブラジルにおける生長の家は、東洋に源流をもつ精神運動として幅広く受容されていると言える。

一方、日本の生長の家は、さらなる時代の変化によって、衰退を余儀なくされていく。谷口は一九八五年に亡くなり、彼が崇拝の対象とした昭和天皇も亡くなる。また、ベルリンの壁やソ連の崩壊によって、生長の家が敵としてきた共産主義の脅威も過去のものとなった。そうした時代の変化は、生長の家に大きな打撃を与える。天皇信仰や反左翼、反共産主義の政治運動が衰退すれば、生長の家の存在意義も薄れていかざるを得ない。

教団自体も改革を迫られ、一九九二年には、二代目の総裁となった谷口清超の長男、雅宣（現副総裁）が、太平洋戦争を侵略と認め、聖戦論を否定する見解を発表した。これは、天皇主義の右翼的な教団という旧来のイメージから脱皮しようする試みではあったものの、教団のなかでも議論を呼んだし、それに代わる新たな教団のイメージを強く打ち出すことには成功しなかった。そこに生長の家が衰退していかざるを得ない理由があったのである。

4―天照皇大神宮教と璽宇

踊る宗教出現

今から六十年ほど前のことである。一九四八（昭和二十三）年九月八日、東京のど真ん中、数寄屋橋公園に「踊る宗教」なるものが出現した。その模様を、翌日の『朝日新聞』は次のように報じている。

「ナニワ節みたいであり、筑前ビワのごときところもある奇妙なフシ回しで老若男女とりまぜて二十名ばかり、無念無想の面持よろしく踊りまくる図には銀座マンも笑っていいのか、カナシンでいいのかポカンと口を開けての人だかり……」だったという。

この騒ぎは、数寄屋橋公園での事件に終わらなかった。月末には、踊る宗教こと天照皇大神《てんしょうこうたいじん》宮教《ぐうきょう》の教祖である北村サヨは、神田の共立講堂で説法《せっぽう》会を行った。サヨは、当時四十八歳で、教団のなかでは「大神《おおがみ》さま」と呼ばれていた。彼女の説法は、『朝日新聞』の記事にもあるように、ナニワ節を思わせる歌による説法で、それが延々四時間も続いた。その間、大神さまは、水も飲まず、ぶっ通しで歌説法を続けた。

歌説法の内容は、「蛆《うじ》の乞食よ目を覚ませ。天の岩戸は開けたぞ。早く真人間に立ち帰れ。神の御国は今出来る。真心持ちほどバカを見る。思うた時代は、早や済んだ。崩れた世の中、おしまいですよ。敗戦国の乞食らよ。早よう目を覚ませ。お目々覚めたら、神の国。居眠りしておりゃ、乞食の世界」といった調子で、敗戦直後の日本の状況を踏まえ、新しい世界が訪れたことを、風刺を込めて歌い上げたものだった。

サヨは、蛆や蛆の乞食といった表現をよく使った。それは利己心に固まり、神のことを理解できない人間のことをさしている。この世界に起こる現象は、すべてそこに神がかかわっていることから「神芝居《かみしばい》」と呼ばれた。自らのことは、「女役座《おんなやくざ》」と称し、「同志」とも呼ばれる信者たちの先頭に立って、世直しのときが迫っていることを訴えた。信者たちの踊りは、「無我の舞」と呼ばれた。宗教活動全体が演劇的な性格をもっていた。

数寄屋橋公園での当日の様子を撮影した写真が残されているが、無我の舞と呼ばれただけあって、それに興じる女性信者たちは、皆、恍惚《こうこつ》とした表情で舞っている。その周囲には、舞っている女性たちにむかって手を合わせている男性信者もいて、さらにその外側には、一般の人たちが無我の舞を見つめている。一般の人たちの表情は案外、真剣で、食い入るように見つめている。馬鹿にして笑っているような人は一人もいない。

「どうだ、岸」

天照皇大神宮教の一行は、山口県の田布施《たぶせ》から上京した。上京ははじめてのことではなかった。最初は、敗戦の翌年、一九四六年三月から四月にかけてで、高田馬場駅のホームで最初の歌説法を行っている。乗客はさぞや驚いたことだろうが、そのときはまだ報道されなかった。その際には、生長の家の本部を訪れ、谷口雅春に問答を仕掛けようとして、弁当を食べて帰ってきた。戦前にサヨは生長の家に入っていた。数寄屋橋公園に出現したときは、三度目の上京だった。

私は、映像でサヨの歌説法と無我の舞を見たことがある。映像はカラーだったので、かなり後になってからのものと思われるが、延々と説法を続けるサヨの姿は、驚くほどエネルギッシュで、彼女の口からは、世の世相を批判し、風刺することばが次々とあふれ出ていた。歌の独特なリズムは、心地よいというよりも、何かをせかすようで、切迫感があった。表情も切実で、見ていると引き込まれていく迫力があった。私たちが普段忘れてすませていることを、改めて思い出させ、その実現を迫るような力が込められていた。サヨは、男物の背広のようなものを着ていて、そのせいもあって、「庶民宰相」田中角栄を彷彿《ほうふつ》とさせた。

これは少し後のことだが、一九五二年に、サヨは、その前年に制定された宗教法人法にもとづいて宗教法人を管轄するようになった文部省の宗務課に突然あらわれた。サヨは踊る宗教の教祖として有名だったので、課員たちは、驚いてサヨを丁寧に接待し、その話を拝聴した。そこにたまたま別の教団の教祖がやってきて、お互いの悪口の言い合いになった。サヨは、言いたいことを言うと、さっさと立ち去ってしまったという。

また、数寄屋橋公園に出現する前の一九四六年、サヨは、食糧緊急措置令違反に問われ、懲役八ヵ月、執行猶予三年の有罪判決を受けたことがあった。蛆虫に食わせる米はないと、信者たちに米の供出を拒否するよう呼びかけたからである。サヨは、法廷で、歌説法を行い、無我の舞を披露した。

その担当検事は、その後気になって、山口県の田布施にある天照皇大神宮教の本部を訪れたことがあった。彼は、教祖の取り調べにあたった人間であるにもかかわらず、温かく迎えられたという。

このエピソードは、上之郷利昭の『教祖誕生』に出てくるものだが、著者は、総理大臣になった岸信介とサヨとのかかわりについても記している。田布施は、サヨが嫁いだ場所であるとともに、岸と佐藤栄作という総理大臣兄弟を生んだ土地でもあった。

敗戦後、岸は戦争責任を問われ、巣鴨拘置所に拘留されることになった。その前に田布施の実家に戻ってきたが、そこにサヨがやってきて、「三年ほど行ってこい。魂を磨いたら、総理大臣として使ってやるわい」と言って、関係者を驚かせた。そして、岸が、サヨの予言通り総理大臣になると、上京して岸のもとを訪れ、「どうだ、岸、オレが言うた通りになっちゃろうがア」と言い放った。それに対して、岸は、「お蔭をもちまして」と答えていたという。

天皇に代わる現人神

政治家にとって、宗教団体は票田にもなる重要な組織である。その点で、岸としても、サヨのことを邪険にあつかうわけにもいかなかったのだろうが、サヨは、自らを総理大臣よりも上位に位置づけ、そのことを疑っていなかった。それは、彼女の肚には神が宿っていて、歌説法を含め、すべてはその神の言うことだとされていたからである。その神こそが、教団の名前にもなった天照皇大神宮で、それは天皇家の祖神とされる天照大神《あまてらすおおみかみ》に由来する。なお、伊勢神宮の内宮は、皇大神宮と呼ばれている。

戦前においては、天皇は現人神《あらひとがみ》とされ、崇拝の対象になっていた。その現人神が支配する日本という国は、「神国」とされ、神国の行う戦争は「聖戦」と位置づけられた。ところが、神国は聖戦に敗れ、一九四六年一月一日、天皇は「人間宣言」を行った。突然、神国の中心にあった天皇が神の座を降りることで、そこに空白が生まれた。サヨの肚に宿った神が、天照皇大神宮を称したのも、その空白を埋めようとしたからである。

サヨは、昭和天皇が人間宣言を行うちょうど四十六年前の一九〇〇（明治三十三）年一月一日、山口県柳井市の農家に生まれる。母親は、浄土真宗の信者で、信心深い女性だったと言われるが、格別宗教的な環境が整っていたわけではなかった。サヨは、一九二〇（大正九）年に田布施の北村清之進と結婚している。清之進は、一時、ハワイに移民していたことがあった。山口はハワイへの移民が多い地域で、後に天照皇大神宮教がハワイに進出するのも、そうした地理的な環境が影響していた。

姑は吝嗇家《りんしょくか》で、その折り合いにサヨは苦労した。しかも、姑は一九四〇（昭和十五）年に九十一歳で亡くなるまでの三年間、寝たきりで、サヨはその介護にあたらなければならなかった。その姑から解放された一九四二年七月、家の離れ、あるいは納屋で不審火があった。サヨは、その原因を突き止めようとして祈禱師のもとを訪れ、それから深夜に神社に参拝する丑《うし》の刻《こく》参りなどを実践した。一九四四年には、祈禱師から生き神になると告げられる。その年の五月四日には、彼女の肚のなかに何ものかが入り込み、しゃべり出すという不思議な体験をする。

サヨは、肚のなかに入り込んだものと話をするようになるが、それは命令を下すようになり、サヨがその命令を拒むと、体が痛んだ。命令にしたがうと、痛みは消えた。やがて、肚のなかのものは、サヨの口を使って直接語り出すようになる。そして、天照皇大神宮という神であり、宇宙を支配する神であることを明らかにする。そして、戦後サヨが公衆の面前で実践したように、蛆の世の中に対する厳しい批判をするようになったのだった。

知識人にも人気の生き神さま

肚のなかに神が宿っているということは、サヨ自身が神であることを意味し、彼女は生き神として人々の信仰を集めるようになる。サヨに伺いをたてると、よく当たると言われ、生き神であるサヨに祈れば、病気が治るとも言われるようになる。天照皇大神宮教は、もっぱらこの生き神としてのサヨの魅力によって信者を集めていく。体系的な教義が作られ、洗練された儀礼が形成されていったわけではなかった。

教団の集まりでは、最後に、「御祈の詞」というものをあげるが、それは、次のように、神道と仏教の教義の素朴な寄せ集めになっている。

天照皇大神宮　八百万の神
天下太平　天下太平
国民揃うて天地の御気に召します上は
必ず住みよき御国を与え給え

六根清浄　六根清浄
我が身は六根清浄なり
六根清浄なるが故に
この祈りのかなわざることなし
名妙法連結経
名妙法連結経
名妙法連結経

名妙法連結経は、南無妙法蓮華経の題目に由来するものだが、天照皇大神宮教において、それはただの呪文のような唱えことばで、法華経信仰とは直接の結びつきをもっていない。ただ、これを唱えると、信者のからだが勝手に動き出す、「霊動」が出てくるとされている。

天照皇大神宮教が踊る宗教として広く知られていた時代、その評判は決して悪くなかった。高橋和巳の『邪宗門』にも、天照皇大神宮教をモデルにした教団が登場するが、好意的にあつかわれている。高橋は、田布施を訪れたこともあったらしい。

概して新宗教に対して批判的だった評論家の大宅壮一も、天照皇大神宮教が信仰による金儲けをめざしていないことをさして、「ノン・プロ主義」と呼び、その点を評価している。実際、神殿を建てる際には、サヨ自身がもっこをかつぎ、建設作業に従事していた。

作家の深沢七郎も、一九五八年に『婦人公論』でサヨと対談を行っているが、それも深沢の希望で、彼は「蛆虫ども」というサヨの歌説法のいさぎのよさにひかれた。上之郷も『教祖誕生』でさまざまな教団を取り上げているが、天照皇大神宮教に対してもっとも好意的である。私の宗教学の後輩にも、北村サヨの魅力について研究をした人間もいる。これだけ好意的に見られてきた新宗教は、かなりめずらしい。

双葉山の大立ち回り

実は、天照皇大神宮教が踊る宗教として世間の注目を集める前に、もう一つ、騒動を起こし注目された教団があった。それが、璽光尊《じこうそん》こと長岡良子《ながこ》を中心とした璽宇《じう》という教団であった。北村サヨは、「第二の璽光尊」とも呼ばれた。

事件は、一九四七年の一月に金沢で起こるが、その発端となったのが、元横綱双葉山の璽宇訪問であった。それは、事件が起こる二ヵ月前の一九四六年十一月二十七日夜のことで、双葉山は、囲碁の名人、呉清源《ごせいげん》にともなわれ、当時東京杉並区関根町（現上荻）にあった璽宇を訪れる。呉は、戦中からの璽宇の有力な信者で、夫人の中原和子は、神憑りして神示《しんじ》を伝えるなど、璽宇のなかで重要な役割を果たしていた。

双葉山は、六十九連勝を果たした不世出の大横綱だが、現役を引退し、その直前の十一月十九日、引退相撲を行っていた。双葉山は、日蓮宗の熱心な信者で、もともと信仰の世界に関心をもっていた。日本の敗戦に衝撃を受け、それが璽宇への関心に結びついたと言われる。彼は、璽宇で拝礼しているときに、霊的な現象を体験した。そのため、一度九州太宰府にあった彼の相撲道場にいったん戻り、それから金沢へおもむいた璽宇に合流している。

璽宇は金沢で天変地異の予言を行い、双葉山が呉清源とともに、幟を立てて、「天璽照妙《てんじしょうみょう》」と唱えながら、街中を練り歩き、神楽舞《かぐらまい》を披露したことから、人々の関心を呼んだ。報道が地元紙から全国紙に拡大したことから、大きな騒ぎになっていった。

警察は、璽宇の動静に注目していて、一九四七年一月十八日、取り締まりの方針を決定する。金沢玉川署の警察官が教団に入り、幹部の身元調査や信者の所持品の調査を行った。そして、璽光尊に出頭するよう求めたが、璽宇の側がそれに応じなかったため、二十一日深夜、警察は検挙のために捜査に入る。その際に、双葉山はすさぶる神に変身し、大立ち回りを演じた。双葉山は、幹部たちとともに検挙されている。

双葉山は、翌朝、朝日新聞の記者にもらい下げられ、説得されて、璽宇を離れることとなる。璽宇の幹部たちは三十日に釈放され、不起訴となった。璽光尊については、金沢大学の精神科医、秋元波留夫が精神鑑定を行い、妄想性痴呆と診断された。秋元医師は、二〇〇七（平成十九）年に百一歳で亡くなっているが、その直前、オウム真理教の教祖、麻原彰晃に拘置所で面会し、訴訟能力を欠いていると診断している。

教祖が、精神科医によって精神病と診断されることは珍しいことではない。大本のところでもふれた精神科医の中村古峡は、『変態心理』という雑誌を刊行し、天理教、金光教、そして大本の教祖について、精神病の診断を下し、激しい新宗教批判を展開した。璽光尊も同じように考えられたわけである。

腰巻きにまで菊の紋章

璽宇が天照皇大神宮教と似ているのは、たんに社会的な騒動を引き起こした点だけではない。璽光尊は、国粋主義の傾向が強く、皇室を崇拝していたが、戦時中、日本の敗戦が濃厚になってくると、生き神としての自覚をもつようになり、自分が現人神としての天皇を補佐することで、八紘一宇《はっこういちう》の理想世界が実現すると考えるようになった。

ところが、日本は戦争に負け、さらに、一九四六年元旦には、すでに述べたように、昭和天皇の人間宣言が行われた。璽宇では、それまで宮中への働きかけも行っていたが、当然それは功を奏することがなかった。璽宇は、皇室に代わって自らが世直しを代行するものと考えるようになり、璽宇のある場所を「皇居」と呼び、引っ越しをすることを「遷宮」と呼ぶようになる。家具や日常使う物にも菊の紋章をつけた。璽光尊の腰巻きにまで菊の紋章が染め抜かれた。神聖政治を行うための内閣も組織された。天皇が現人神から人間に変化することで生じた空白を、璽宇もまた埋める方向で動き出した。その点で、天照皇大神宮教の場合と共通するのである。

璽宇では、自分たちの存在を外部に向かってアピールするために、「行軍」あるいは「出陣」を行うようになる。第一回の出陣は、一九四六年三月六日に行われ、璽宇の人々は、天璽照妙の幟を立て、天璽照妙と唱えながら、宮城前、靖国神社、明治神宮をめぐった。そして、五月からは、独自の年号として「霊寿」を使うようになる。

大胆にも、出陣はGHQにまでおよんでいく。同年五月二十二日、呉清源夫人の中原和子と、その妹でやはり信者の叶子は、マッカーサーに璽宇へ「参内《さんだい》」するよう呼びかける神のお告げ、「神示」を授けようと、アメリカ大使館に出向く。姉妹は、大使館の前で、マッカーサーの帰りを待ち受け、戻ってくると、車の前に立ちふさがった。車が止まると、和子はまんまと車内に飛び込み、神示をマッカーサーに手渡すことに成功する。姉妹は捕まったものの、すぐに釈放されている。

さらに中原姉妹は、六月五日にはGHQの総司令部に行き、マッカーサーとの面会を要求し、受付で押し問答になる。ところが、そこに誰だかはわからないがアメリカ人が出てきて、姉妹を部屋に入れ応対した。姉妹は、璽宇のことなどを説明した。そのアメリカ人は、警察が彼女たちを捕まえようと待っていたので、裏口から逃がしてくれたという。

この当時にあっては、璽宇のGHQに対する二度の出陣は、社会的な事件であったが、逆にそのために報道されなかった。しかし、このことは口コミで伝わり、信者を増やす一因にもなった。中原姉妹の果敢な行動は、強権をもって戦後の日本を支配するGHQに対する反抗として、復員軍人らに支持されたのである。

これによって、璽宇の志気はあがり、教団のなかには、世直しへの期待が高まった。璽光尊自らが先頭に立つ「本出陣」も、五月と六月の二度行われた。出陣先は二重橋前と富士宮浅間神社であった。しかし、一方で、GHQの事件で出し抜かれた警察は、璽宇に対して厳しい監視の目を光らせるようになり、それが、金沢での取り締まりに結びついたのだった。

大本の流れ

璽宇は、取り締まりを受けたものの、教祖も幹部も起訴されず、裁判にはかけられなかった。だが、連日マスメディアで報道され、璽光尊は精神病者で、璽宇は邪教であるというイメージが広まった。そのため、世間から白眼視《はくがんし》され、各地を転々としなければならなくなる。金沢を引き払った後、山中湖、青森の八戸、箱根の仙石原、横浜の港北区師岡、鎌倉市長谷、藤沢市片瀬山へと移り、流浪の旅は最終的に横浜の港南区下永谷町に落ち着くまで続く。まるで、後の「イエスの方舟」や、「はじめに」でもふれた白装束集団のようである。

また、呉清源が読売新聞の専属棋士であったことから、読売は呉に璽宇から離れるよう説得を行った。その結果、まず夫人である和子と叶子の姉妹が璽宇を抜け、呉もやがて璽宇を離れる。しかし、呉は、必ずしも璽宇を抜けたくはなかったようで、戻りたいという意思を示した手記を記したこともあった。璽宇の側からも働きかけがあったようだが、今にいたるまで呉の璽宇復帰は実現していない。すでに呉は九十三歳である。

呉が、それだけ璽宇に愛着を示したのも、もともと彼が璽宇とかかわったいきさつが関係していた。璽宇の前身となったのは、鉱山関係の実業家で、神道系の行者であった峰村恭平を中心とした篁道大教《こうどうだいきょう》であった。この篁道大教が、一九四一年に璽宇と改称するが、その時点で、二つのグループがそこに加わった。

一つは、大本系の人脈からなるグループで、そのなかに、呉も含まれていた。呉は、当時、中国の世界紅卍字会道院の信者であった。この世界紅卍字会道院は、大本が連携した慈善団体、世界紅卍字会の宗教部門であった。呉が結婚する中原和子は、峰村の親戚で、呉は当初から璽宇にかかわっていたことになる。

もう一つのグループが、やがて璽光尊となる長岡良子を中心としたグループで、良子は真言密教系の霊能者として病気治しなどを行っていた。神道系の大本と真言密教系では直接の結びつきがないが、良子の信者に鉱山関係の事業をしている人間がいて、それをきっかけに峰村と知り合った。峰村は、病もあって、璽宇から退き、良子がその中心になっていったのである。

横浜に定着した後の璽宇は、それほど目立った活動を展開することなく、小規模な宗教集団として存続した。ただ、騒動もおさまった一九五六年に入信した山田専太という人物を通して、璽宇は海外へ広まる。山田は、柔道と合気道の師範で、ロンドンのスコットランド・ヤードで教える際に、璽宇の天璽照妙も教え、それが「ハーモニー・オブ・スピリット（精神の調和）」に結びつくことを示した。そこから、山田の弟子や孫弟子のなかに、璽宇に関心をもつ外国人があらわれ、彼らは日本までやってきて、璽宇を訪問するまでになった。

また、平凡社の創業者である下中弥三郎も、璽宇に共感し、そのスポンサーにもなった。実は下中は、第二次大本事件が起こる前に、『出口王仁三郎全集』を企画し、刊行している。この全集は全八巻で一巻六百ページを超す大部なものであったが、新宿の紀伊國屋書店では、幟旗を立てて大々的に販売された。全国で数万部も売れたというが、下中の璽宇とのかかわりも、こうした大本との関係がもとにあったものと思われる。

ただ、一九八四年に璽光尊が八十一歳で亡くなり、山田が教団の本部を去ると、さらに活動は停滞し、世間からは完全に忘れ去られてしまった。

ハワイでも歌説法

一方、天照皇大神宮教の方は、その後も活発に活動している。一九五一年にサンフランシスコ講和条約が発効になると、日本の新宗教教団は、海外布教に乗り出すが、天照皇大神宮教も、本部のある田布施と縁のあるハワイに進出する。進出したのは五二年のことだが、船で到着するやいなや埠頭で歌説法を行い、無我の舞を披露した。それからハワイ各島をまわるが、その激しい社会批判は、日系人社会に波紋を呼んだ。サヨは、ラジオや新聞に頻繁に登場し、仏教の信仰を広めようとハワイに入っていた開教師とも激論を戦わせた。

その後も、サヨはハワイをたびたび訪れ、一九七六年には、ハワイ道場も建設されている。サヨは、アメリカ本土にも巡教にでかけ、大学などもまわっている。サヨはほかに、台湾、タイ、インド、中近東、ヨーロッパ、アフリカ、中南米と、世界中を巡教し、各地に支部が生まれたが、中心は日系人であった。

サヨは、一九六七年に亡くなっているが、その後は、孫の清和が継いでいる。彼女がサヨの後継者となったのは、高校二年の十七歳のときのことで、教団内では「姫神さま」と呼ばれた。しっかりとした後継者が定まったことで、天照皇大神宮教は、教祖の死後にありがちな分裂を経験しないですんだ。現在では、それほど目立った活動を展開しているわけではないが、中規模の教団として存続している。

天照皇大神宮教も璽宇も、ともに、新宗教一般がそうであるように、神道と仏教が混交した宗教であった。しかし、日本の敗戦と天皇の人間宣言という出来事が起こることで、そこに生じた精神的な空白、現人神の消失という事態を補う方向で、その宗教活動を先鋭化させた。天皇に代わって権力を奪取しようとしたわけではないが、空白となった現人神の座を、生き神として継承しようとした。その点で、二つの教団は、極めて戦後的な新宗教であった。

この二つの新宗教とは同列にはあつかえないが、敗戦直後、二ヵ月にわたって総理大臣をつとめた皇族の東久邇《ひがしくに》稔彦《なるひこ》が、一九五〇年に得度し、「ひがしくに教」という新宗教を開こうとしたという出来事も起こっている。そこには、東久邇の戦争に対する強い懺悔の気持ちが働いていたが、公職追放中ということもあって、法務府からはひがしくに教の名称使用を禁止され、教団は宗教法人としての認証も受けられなかった。天皇、皇族が出家得度することは、歴史上めずらしいことではなく、むしろ皇位につけない親王の場合には、出家して法親王《ほっしんのう》となるのが一般的であった。その点では、東久邇の行動は歴史的な伝統にかなっていたとも言えるが、戦後という特殊な状況はそれを許さなかったのである。

5―立正佼成会と霊友会

ピンク色の大聖堂

私が子ども時代を過ごしたのは、東京杉並区の和田である。和田小、和田中と進み、高校一年までそこで暮らした。和田中は、最近、リクルート出身の民間人校長がいることで知られている。

和田はそれほど大きな町ではないが、私の生活していた頃、蚕糸試験場（現蚕糸の森公園）という研究所や女子美術大学（現在は短大）、救心製薬の本社、それに救世軍の記念病院など、さまざまな施設があった。しかし、何よりも和田を特徴づけていたのが、戦後創価学会とともにその勢力を拡大した新宗教、立正佼成会《りっしょうこうせいかい》の存在であった。奈良県の天理市が、天理教の宗教都市であることは、すでに紹介したが、和田もまた、天理ほどではないにしても、一種の宗教都市である。

現在、立正佼成会の本部のほかに、大聖堂、普門館《ふもんかん》、法輪閣《ほうりんかく》といった規模の大きな宗教施設が立ち並び、佼成学園の中学と高校も隣接している。普門館は、ベルリン・フィルを率いたカラヤンが来日公演を行ったことでも知られるし、現在は、全日本吹奏楽コンクール中学・高校の部の全国大会、別名「吹奏楽の甲子園」が開かれ、吹奏楽部に所属している生徒たちにとっても憧れの場所、聖地になっている。

そうした宗教施設群のなかで最初に建設されたのが大聖堂である。その落成式典は、一九六四（昭和三十九）年五月に行われた。その年、私は小学校の五年生だった。大聖堂は、和田小のすぐ近くで、それが建っていく様子が、教室からよく見えた。その工事がいつはじまったのかは覚えていないが、小学校に通っているあいだ、ずっと工事が続いていて、ようやく完成したという印象がある。

最近、大聖堂は耐震性を高めるために改修が施され、壁の色もグレーっぽい地味なものに変わってしまったが、もともとはピンク色で、しかも、屋根の上にはインド風の塔が据えられていた。塔は改修後もそのままである。完成当初は、東京でも高層ビルがまだめずらしい時代で、七階建ての大聖堂は相当に高い建築物に見えた。

大聖堂が完成すると、立正佼成会の信者たちが、大挙して押し寄せてくるようになった。それは、団体参拝、団参と呼ばれ、信者たちは何台ものバスに分乗してやってきた。そのバスを駐車させるための駐車場も作られ、宿泊させるための団参会館も建設されていった。そのため、周辺の土地は次々立正佼成会に買い上げられ、私たち小学生は野球をするための空き地を失っていった。

日蓮系、法華系新宗教の台頭

大聖堂の建設にしても、団参にしても、そこに参加した立正佼成会の信者たちの発するエネルギーは相当なものだった。小学生の私には、立正佼成会がいったいどういう宗教なのかもわからなかったし、大聖堂のなかで何が行われていたのかもわからなかった。けれども、日常生活する場のなかに立正佼成会のような新宗教が存在したことは、後に私が宗教学を学ぶことになる一つのきっかけにもなったように思う。少なくともそれは、私にとって日常的な存在であり、特別なものではなかったのである。

大聖堂が完成した一九六四年は、東京オリンピックが開催された年である。その直前には、東海道新幹線が開通し、サラリーマンだった私の父は開通初日に新幹線で大阪に出張した。私も、国立競技場にオリンピックの陸上競技を見に行った。そして、オリンピックのために、東京では新しい道路が次々と建設されていき、和田と隣町との境界線には環状七号線が通った。高度経済成長真っ盛りの時代である。

立正佼成会が巨大教団へと発展したのは、この高度経済成長の時代においてだった。立正佼成会が誕生する母体ともなった霊友会《れいゆうかい》の場合も同じだった。そして、立正佼成会の最大のライバルである創価学会が急成長したのも、やはり一九五〇年代なかばからはじまった高度経済成長の時代においてだった。

こうした新宗教の教団に信者として吸収されていったのは、産業構造の転換にともなって、第二次、あるいは第三次産業に従事する労働者として地方から都市に移ってきた新しい都市住民たちであった。彼らは、未組織の労働者として、不安定な立場にあった。大企業に就職することができず、大企業の雇用者や公務員が中心の組合にも入れなかったからである。都市に新たな人間関係のネットワークを築く上で、新宗教の信者になることは大いに役立った。

ここで注目されるのは、立正佼成会もそうだが、霊友会も創価学会も、皆、日蓮系、法華系の教団である点だった。ほかに、日蓮系、法華系の新宗教としては、仏所護念会《ぶつしょごねんかい》や妙智会《みょうちかい》などがある。いずれも立正佼成会と同様に霊友会からの分派である。ここまで見てきた天理教から璽宇までの教団は、仏教と混交はしているものの、どれも基本的には神道系の教団であった。仏教とかかわりをもつ場合にも、真言密教の系統と結びついていた。ところが、高度経済成長の時代に巨大教団に発展したのは、いずれも日蓮系、法華系の教団だったのである。

庶民の信仰から

都市の庶民、町人のあいだでは、もともと法華信仰が盛んである。京都には、鎌倉時代末期に法華宗、今の日蓮宗がもたらされ、それ以降信者を増やしていくが、その中心になったのが町衆であった。町衆は同じ法華の信仰をもつことで団結し、それは法華一揆にまで発展していった。

江戸時代になると、江戸でも法華信仰が町人のあいだに流行した。江戸では法華講という形態をとり、カリスマ的な講元《こうもと》のもとに町人たちが集まった。そうした法華講は、たんに信仰上の組織ではなく、同時に頼母子講《たのもしこう》的な性格をもち、庶民金融を実践した。

京都の町衆や江戸の町人に法華信仰が受け入れられたのは、それが、浄土信仰とは異なり、現世における救いを強調したからである。町衆や町人は、現実の世界で豊かで安定した生活が送れることを願った。「南無妙法蓮華経」の題目さえ唱えればいいという単純さも、庶民にはわかりやすかった。

そして、江戸においては、日蓮は「おそっさま（お祖師さま）」として崇拝の対象になった。和田と環状七号線を隔てた向かい側には、堀ノ内という町があるが、そこにある妙法寺《みょうほうじ》は、日蓮宗の寺院で、江戸時代から「妙法寺のおそっさま」として知られてきた。妙法寺は厄除けで有名で、将軍も参詣に来たと言われる。落語に「堀ノ内」という演目があるが、それは、妙法寺に参詣に出かけた粗忽者の話である。

都内、あるいは東京近辺の日蓮宗の有力寺院では、日蓮が亡くなった十月十三日を中心に、「御会式《おえしき》」という法会が営まれる。それは、「南無妙法蓮華経」や「一天四海皆帰妙法」といった文字や絵を描いた万灯をかつぎ、まといを振り、太鼓を叩きながら、題目を唱えるもので、池上本門寺や雑司が谷の鬼子母神が名高いが、妙法寺や立正佼成会でも行われている。私も子どもの頃、どちらかの御会式を見学した記憶がある。

立正佼成会が和田に本部を作ったことと、妙法寺とのあいだには特別の関係はなかったのかもしれないが、この地域が日蓮の信仰を受け入れやすい土地であったことは間違いない。創価学会の場合にも、初代会長の牧口常三郎《まきぐちつねさぶろう》が所属し、池田大作三代会長が入信のために受戒したのは、歓喜寮《かんぎりょう》、現在の昭倫寺《しょうりんじ》で、それは一般には中野にあったとされているが、実は所在地は和田で、昭倫寺は、創価学会が長く外護してきた日蓮正宗の寺院として現存している。

立正佼成会への信仰の系譜

立正佼成会の創立者は、庭野日敬《にわのにっきょう》と長沼妙佼《ながぬまみょうこう》の二人だった。日敬の本名は鹿蔵で、長沼の方は政といった。日敬は一九〇六（明治三十九）年に新潟県中魚沼郡十日町の農家に生まれ、十八歳のときに東京に出てくる。村に戻ったり、四年にわたって海軍に入隊したりした後、東京中野の漬物屋で働くようになり、結婚し、独立して店をかまえる。

日敬に転機が訪れるのは、長女が中耳炎をわずらい、手術を受けたときで、その経過が思わしくなかったため、修験者を紹介され、不動信仰の修行を実践する。すでに日敬はそれ以前に易を学んでいて、修行を進めるのと並行して、姓名判断も学ぶ。そして、霊友会のことを教えられ、入会して、先祖の霊を祀ると、子どもの病気がよくなった。さらに、霊友会の支部長である新井助信の法華経の講義を聞いて感動し、熱心に布教活動を行い、新井支部の副支部長にも抜擢される。

ただ、布教に熱心になるということは、商売をおろそかにすることに通じる。そこで、時間の融通がきく牛乳屋に転業する。そして日敬は、子どもを亡くし、自身子宮内膜炎に苦しんでいた妙佼と出会う。妙佼は、一八八九（明治二十二）年に埼玉県北埼玉郡志多見村に生まれ、上京して二度目の結婚をし、渋谷区の幡ヶ谷で夏は氷をあつかい、冬は焼芋を売る店をやっていた。彼女は、日敬に出会ったときには、天理教を信仰していたが、霊友会に移り、日敬とコンビを組んで積極的に布教活動を展開するようになる。

霊友会は、久保角太郎《かくたろう》と、その兄嫁である小谷喜美《きみ》のコンビで発足する。男女のペアが創立者である点で、霊友会と立正佼成会は似ている。しかも、二人が夫婦でない点でも共通していた。これに似た例としては、大本があげられる。大本は、出口王仁三郎とその義理の母である出口なおのコンビではじまった。

霊友会のもとを作ったのは、西田無学《むがく》という人物であった。無学は、本名を利蔵といい、三重県飯野郡横地村、現在の松阪市に生まれた。彼は横須賀に出て、法華信仰をもつようになり、仏所護念会という組織を作って、布教活動を展開するようになる。この仏所護念会は、後に関口嘉一・トミノ夫妻が霊友会から分かれて作った仏所護念会とは別の組織である。

無学の法華信仰の特徴は、法華経による先祖供養を強調したところにあった。その信仰が具体的にあらわれたのが、「総戒名《そうかいみよう》」と呼ばれる独自の戒名である。無学は、布施の額に応じて戒名に院号や院殿号がつけられている現状を批判し、すべての戒名に院号をつけることを主張した。しかも、総戒名には、夫の祖先と妻の祖先の両方を含むものとし、その基本的な形式を、

「誠生院法道慈善施先祖 ○○家 ○○家 徳起菩提心」

と定めた。○○家の左に夫の姓、右に妻の実家の姓が入る。

無学はまた、法華経が長くて、在家の信者が読誦するのには向いていなかったため、開経と結経の主要な部分を抜き出して、それに先祖を回向する回向唱と法華経を崇めることを誓う祈願唱を加えた独自の経巻を作り上げた。さらに、祖先の戒名を書き出していく「霊鑑《れいかん》」(過去帳)も定めた。

簡略化された経典は、霊友会において、「青経巻《あおきょうかん》」（朝夕のおつとめ）と呼ばれ、総戒名や霊鑑ともども継承され、さらには、立正佼成会はじめ霊友会から分かれた教団にも受け継がれていく。その源を作ったのが、無学だったのである。

霊友会とその分派

無学は、一九一八（大正七）年に横浜で亡くなり、その教えは弟子の増子酉吉に受け継がれる。久保角太郎は、一八九二（明治二十五）年に日蓮と同じく千葉の安房小湊に松鷹家の三男として生まれ、久保家に養子に出されるが、その前に一時酉吉のところに預けられていた。それが彼を宗教家としての道に進ませることにつながった。

久保家の養母であるシンは厳格であったが、精神錯乱を起こし、つきものが憑くことがあった。そのときには、若月チセという行者が呼ばれ、祈禱が行われた。角太郎は、このチセらと組んで、「霊の友会」を立ちあげるが、うまくいかず、一九二五（大正十四）年には兄小谷安吉・喜美夫妻とともに、「大日本霊友会」を発足させる。

角太郎は、喜美に宗教家としての能力があることを見出し、彼女にひたすら戒名を集めてこさせたり、断食させたりといった修行を実践させた。そのなかで、喜美は死者の霊のことばを聞くシャーマン的な能力を体得していく。これまで見てきた女性教祖の場合には、精神の病をかかえることなどをきっかけに神憑りし、そこから教祖としての道を歩みはじめた。その点で自然発生的なものであったが、喜美の場合には、意図的に教祖に仕立て上げられたとも言える。

その分、喜美は、信者に対して厳しく接したようだが、大日本霊友会は一九三〇（昭和五）年には赤坂伝馬町に本部をおき、その四年後には千名の会員をかかえるまでになる。三七年には関西にも進出し、本部を麻布飯倉に移し、百畳敷の講堂を建てるまでに成長する。すでに日本は戦争の時代に突入していた。大日本霊友会は、体制に順応し、戦争を積極的に支持したことから、弾圧を受けることもなかった。

しかし、喜美の性格がきつく、また、大日本霊友会の一つのベースになっているはずの法華経に対する理解がなかったため、会を離れる人間も出てきた。一九三五年には、理事だった岡野正道がぬけて孝道会《こうどうかい》（現孝道教団）を作り、三六年には高橋覚太郎の霊照会《れいしょうかい》（現日蓮誠宗《にちれんまことしゅう》）が、三八年には井戸清行の思親会《ししんかい》が独立する。

三界寺《さんがいじ》
日敬と妙佼の場合にも、一九三八年に大日本霊友会をぬけて、大日本立正交成会を結成することになるが、日敬は、「法華経の講義なんか時代おくれだ、そんなことをするのは悪魔だ」と言い放つ喜美に疑問を感じたことが、独立のきっかけだったと述べている。

新たな都市民のための先祖供養

二人と行動をともにしたのは三十人ほどで、中野区富士見町にあった日敬の店の二階に本部をかまえた。日敬、妙佼と改名したのもこのときで、日敬は妙佼を自転車の荷台に乗せて走り回り、布教活動を行った。会員たちは、寒中に水垢離《みずごり》をとる「寒修行」などを実践した。

一九四〇年に宗教団体法が施行されたのにともない、宗教結社大日本立正交成会となり、四一年には妙佼のお告げで、本部を和田（当時は和田本町）に移す。和田は中野富士見町に隣接している。そして、四三年には、妙佼の霊感指導が人心を惑わすとして、日敬と妙佼が警察に留置されるという事件も起こる。ただ、この時代の会員数は、まだ千人前後にとどまっていた。

戦後を迎え、一九四八年には、会の名称を立正交成会（六〇年に立正佼成会に改称）に改め、宗教法人としての認証を受ける。そして、すでに述べたように、高度経済成長の時代がはじまると、立正佼成会は、急速に信者の数を増やしていくことになる。敗戦の年、一九四五年に千五百人程度だった信者数は、五〇年に六万人に達し、五五年には三十万人にまで増えている。

その際に、立正佼成会の布教の武器になったのが、先祖供養、妙佼の霊感と日敬の学んだ姓名判断の組み合わせ、そして法座《ほうざ》であった。

立正佼成会では、霊友会の伝統を受け継ぎ、総戒名をそのままとりいれ、先祖供養を実践した。これは、都市化の波に乗って地方の農村部から大都市に移ってきた人間には理解がしやすい信仰の形態だった。というのも、故郷の農家では先祖供養が営まれているからである。

総戒名は、夫と妻の家の先祖を平等のものとして祀《まつ》るもので、その点で、一般の農家で実践されている先祖供養とは異なっていた。農家では、基本的に夫の家の先祖しか供養の対象とはしない。しかし、都会に出てきたばかりの人間たちが作った新しい家には、祀るべき先祖がいなかった。立正佼成会は、そうした新しい都市民に、夫婦それぞれの家の先祖を祀る新しい先祖供養の形式を教えることで、信仰の基盤を作り上げていった。

しかし、先祖を祀ったからといって、それだけで平和で安定した家庭生活が実現され、豊かさを獲得していくことはできない。生活を送るなかで、さまざまな問題が起こるし、病に陥ることもある。その際に効力を発揮したのが、妙佼の霊感であり、日敬の姓名判断であった。それによって、問題の原因を明らかにし、それに対処する方法が示されたのである。

ただ、こうした救済の方法は、俗信、あるいは迷信の類であり、社会から批判を浴びる可能性もあるし、教団の近代化を進める上で妨げになるものであった。妙佼が一九五七年に亡くなっていることも影響し、しだいに立正佼成会は、そうした霊的な救済手段を表に出さないようになっていく。妙佼死後の日敬は、教義の体系化を進めていくが、その際に、仏教学の世界で学問的に追求されてきた釈迦の時代の仏教、「原始仏教」への関心を深めていく。大聖堂の建物がインド風なのも、学界の動向に影響され、仏教の原点への回帰をめざしたからだった。

法座

法座も、立正佼成会が霊友会から受け継いだ方法であり、それは、立正佼成会の活動の核になっている。法座には、十人から二十人くらいの会員が集まり、車座になって話し合いを行う。「法座は佼成会のいのち」とも言われている。

私は一度、この法座を見学させてもらったことがある。大学の学生をつれて見学に行ったおり、大聖堂のなかにある小部屋で開かれている法座を見せてもらった。一九九〇年代のはじめの頃のことだが、法座では、支部の幹部とおぼしき女性がリーダーになっていて、皆で話をしていた。ただ、その話し合いのなかでは、立正佼成会独自の用語が使われていて、聞いていて話の内容が理解できないことが少なくなかった。

なかには、はじめて法座に参加したという若い主婦もいて、連れてきた子どもについての悩みを打ち明け、リーダーから指導を受けていたが、まだ立正佼成会の考え方についていけないらしく、納得できない表情を浮かべていたのが印象的だった。

若い主婦が、その後どうなったかはまったくわからない。さらに法座に通い続け、そのなかでぴんとくるようなことを言われたり、法座で受けたアドバイスにしたがって行動することで、何らかの「ご利益」を受けたとしたら、深く信仰の世界に入っていったことだろう。最初は理解できなかった立正佼成会独自の用語についても、その意味を理解できるようになれば、現実を解釈するためのことばとして積極的に使えるようになる。教団独自のことばは、最初は外部の人間を拒む壁になっているが、壁があるがゆえに、信者となった人間は、壁を乗り越えた、つまりは試練を乗り越えたという実感をもつことができる。

法座に通うことで、信者はそこに集ってくる人間に対して強い仲間意識をもつようになる。そうした人間たちは、立正佼成会と出会うまで、孤独な生活を送っていたことであろう。問題があっても、それを相談する相手がいない。ところが、法座の仲間がいれば、いつでも相談することができるし、リーダーは、問題を解決するために尽力してくれる。法座は、人間関係のネットワークを与えるという機能を果たしている。だからこそ、高度経済成長の時代、都会に出てきたばかりの人間たちを救うことになったのである。

読売菩薩

次の章で述べる創価学会が戦闘的で排他的な傾向を示しているのに対して、そのライバル教団である立正佼成会の場合には、むしろ保守的で他の宗教についても寛容な姿勢を示してきた。そうした立正佼成会の特徴がもっともよくあらわれているのが、「読売事件」だった。

読売新聞は、一九五六年一月二十五日付夕刊で、立正佼成会による土地不法買い占め事件を報道した。さらに読売新聞は、立正佼成会を批判するキャンペーンをはる。ちょうどそれは、立正佼成会が急速にその勢力を拡大しつつあった時代で、一方では、創価学会が政界に進出するなど、新宗教に対する社会の警戒心が強くなっていたことが背景にあった。二月には、立正佼成会の本部などに家宅捜査が入り、日敬は、参考人として衆議院の法務委員会にも呼ばれた。

これによって処罰などは下されなかったが、立正佼成会にとって大きなダメージで、伸び続けていた会員数も減少した。教団では、「読売新聞の報道に関する調査報告書」を作成し、報道された内容を否定したものの、当時その地域に住んで、次々と教団が土地を買い取っていったのを目の当たりにしていた私の実感からも、立正佼成会による土地取得に疑問がむけられてもおかしくはなかった。

これが、創価学会に対する批判であったら、学会は読売新聞に激しく抗議し、新聞の講読ボイコットまで行っていたかもしれない。ところが、立正佼成会は、読売新聞のことを「菩薩《ぼさつ》」と呼んだ。読売新聞が、自分たちの行き過ぎを戒めてくれたものと解釈したのである。これでは社会との摩擦には発展しない。

戦後に勢力を拡大してからの立正佼成会は、創価学会と対抗し、反創価学会系の新宗教教団が集結した新日本宗教団体連合会（新宗連）の中心教団として活動を展開した。また、自民党と公明党が対抗関係にあった時代には、自民党の候補者を応援し、新宗連を代表する議員も出していた。公明党が連立政権に入ってからは、民主党の方にシフトし、民主党候補を推薦するようになってきたが、自民党との関係を切ったわけではなく、推薦する議員のなかには自民党の候補者も含まれている。

また、平和運動や宗教間対話の運動にも熱心で、世界宗教者平和会議には、その創立以来関与している。読売事件の後、内紛が起こったことがあったものの、それからは内部対立が表面化することもないし、分派も生まれていない。

インナートリップの霊友会

これに対して、霊友会の方は、立正佼成会などが分かれていった後、戦時中の一九四四年には久保角太郎が癌で亡くなる。霊友会の場合、喜美が神憑りする霊能者で、角太郎が組織をまとめる組織者であった。二人は役割分担をしながら教団の運営を進めてきたわけで、角太郎の死は大きな痛手であった。

そして、戦後の一九四九年から五三年にかけて、次々と分派が生まれていくことになる。喜美の独善的な傾向が、数多くの分派を生んだとも言われるが、さらに五〇年には金塊隠匿と脱税が、五三年には赤い羽根共同募金の横領が発覚したことが大きかった。鹿島俊郎の普明会《ふみようかい》教団、宮本ミツの妙智会教団、関口嘉一の仏所護念会教団、石倉保助の大慧会《だいえいかい》教団、齋藤千代の法師会《ほうしかい》教団（現法師宗）、佐原忠次郎の妙道会《みようどうかい》教団、山口義一の正義会《せいぎかい》教団などが次々と分派した。

戦前の分派の際には、分かれていく集団に属する人間の数が少なかったものの、戦後の分派の場合には、支部をまとめあげている大幹部が多くの信者をともなって分派していったため、霊友会は大きなダメージを受けることとなった。ただ、逆に言えば、霊友会は、さまざまな教団を生み出す源流としての役割を果たしたことになる。総戒名を中心とした先祖供養や法座、そして法華経信仰は、分派した教団でも積極的に活用されている。分派した集団のリーダーは、喜美によって霊能者としての鍛錬を受けており、独自に教団を運営する力を備えていた。

相次ぐ分派によって、その勢力をそがれた霊友会は、一九七一年に会長の喜美が亡くなると、久保の息子である久保継成《つぐなり》が二代会長に就任する。継成は、東京大学の印度哲学科の博士課程を修了したインテリだった。その点で、霊友会は喜美とはまったく違うタイプの指導者をトップに戴くことになった。

継成は、「インナートリップ路線」を掲げ、若年層をターゲットに宗教活動を展開していく。インナートリップは、若者向けの人生論雑誌のタイトルでもあったが、それは、今なら「自分探し」に相当する。一九七一年といえば、大阪万国博と連合赤軍事件のあいだにはさまった年で、若者たちの関心は、政治的な問題から、ファッションや消費に変わりつつあり、そのなかで、個人としていかに生きるべきかを説く宗教への関心も高まっていく。七三年のオイルショック以降には、終末論や超能力の取得を売り物にするより新しい新宗教、「新新宗教」が登場するようになるが、霊友会のインナートリップ路線はそれを先取りするものだった。継成には、時代を先取りする先見性があった。

継成は、さまざまな改革を断行し、先祖供養を中心とした古い体質の霊友会を刷新しようとし、在家主義仏教を強く打ち出す。国際仏教学研究所や国際仏教学大学院大学などを設立したが、他の幹部と対立し、二〇〇四年には、「在家仏教こころの会」を作って、霊友会から独立している。その前年には、松本廣を中心とした集団が Inner Trip REIYUKAI International として独立しており、現在の霊友会は三分割されている。

日本の戦後社会においては、とくに都市部において、核家族化が進行した。霊友会系の新宗教は、そうした核家族を前提に、核家族にフィットする先祖供養の方法を武器にして、その勢力を拡大していった。しかし、時代はさらに進み、核家族さえ解体しつつある。そうした状況のなかでは、霊友会系教団の先祖供養という武器は、十分に機能しなくなっている。

そこからいかに脱皮するか。インナートリップ路線は、その一つの答えだったわけだが、若年層のあいだでの人間関係の希薄化のなかで、集うという行為さえ成り立たなくなってきた。その点で、霊友会系教団は大きな転換点にさしかかっていると言えよう。

6―創価学会

折伏による拡大

創価学会《そうかがっかい》も、立正佼成会をはじめとする霊友会系教団と同様に、日蓮系、法華系の在家仏教教団である。ところが、一般の人たちが受ける印象はかなり違う。霊友会にしても、立正佼成会にしても、伝統のある穏健な新宗教というイメージがある。ところが、創価学会の場合、最近では、一時ほど否定的なイメージはなくなったものの、排他的で怖いという印象はまだまだ残っている。週刊誌などでも、創価学会の野望について報じた記事が掲載されており、身構える人も少なくない。

創価学会の印象がなかなか好転しないのは、やはり外部に対する働きかけが積極的だからである。以前は、相当に活発に布教活動を展開していた。創価学会の布教活動は、「折伏《しゃくぶく》」と呼ばれるが、その対象になったことがあるという人は少なくないだろう。地域の住民に映画会に誘われ、出かけてみると、池田大作会長（現在は名誉会長）の活動について紹介した映画の上映会だったりした。

また、選挙が近づくと、同級生だという人物から電話で連絡があったり、直接訪問を受けることがある。その人物と格別親しいわけではなく、学校を卒業して年月が経っていれば、名前さえ忘れていることもある。なんだろうと応対してみると、相手は創価学会の会員で、公明党の議員への投票依頼であったりする。こうした依頼を受けたという人は少なくないはずだ。かえってこれは、最近の方が盛んかもしれない。

昔の創価学会による折伏は相当に激しいものだった。創価学会は、日蓮正宗《にちれんしょうしゅう》という日蓮宗の一派と密接な関係があったことから、一般の日蓮宗の寺院に集団で出かけていき、寺の住職に問答を仕掛けるというようなこともあった。キリスト教の教会に出かけていって、キリスト教は間違っていると言い張ったこともあった。さすがに最近ではそうした激しい折伏は行われていないものの、一度も折伏されたこともなければ、投票依頼を受けたこともないという人の方がかえって少ないかもしれない。

宗教教団に属している人間が布教活動を行うのは、ある意味当たり前のことである。信者となった人間は、その信仰が正しいと考えるから教団に所属しているわけで、その信仰を他人にも伝えようとする。その点では、創価学会だけが特殊なわけではない。むしろ、積極的に布教活動を行わない教団の方が問題だとも言える。

しかし、創価学会の場合には、公明党という政党と密接な関係があり、その強力な支持団体として機能している。現在、公明党は、自民党、民主党に次いで多くの議員を抱える第三党で、しかも自民党と連立を組むことで政権の座にある。政教分離の原則はあるものの、創価学会は公明党を通して政界に、そして日本の社会に大きな影響を与えている。福祉の分野などでは、自民党は公明党の政策をそのまま取り入れており、実際に国民生活に影響を与えている。公明党が権力の座にあることで、創価学会に対する警戒心は余計強くなっている。

同じ日蓮系だけれど

こうしたことは、同じ日蓮系でも、霊友会や立正佼成会には見られない。霊友会や立正佼成会の信者から布教されることはないし、投票依頼を受けることもない。立正佼成会では、議員を推薦したりしているものの、独自の政党を組織していないため、外部の人間に投票依頼の働きかけをすることは少ない。

その他の面でも、創価学会と他の日蓮系新宗教とのあいだには相違点が存在している。そのなかで一番重要なポイントは、先祖供養に対する姿勢の違いである。霊友会系教団では、先祖供養が信仰活動の核にあり、総戒名のような独自の供養の形式を定めている。ところが、創価学会は、先祖供養にあまり関心を示していない。

一九九〇年代のはじめ、その創立以来六十年にわたって外護してきた日蓮正宗と決別状態に陥り、会員の葬儀に日蓮正宗の僧侶を呼ばなくなったときにも、会員が読経し、戒名を授からない「友人葬《ゆうじんそう》」に切り替えることができた。それも、先祖供養に対して格別関心をもってこなかったことが、友人葬への切り替えに抵抗感を生まなかった原因になっていた。この点で、むしろ先祖供養を核としている霊友会系教団とはまるで対照的なのである。

なぜ創価学会と霊友会系教団は、同じ日蓮系、法華系でありながら、それほど違う方向を歩み、異なるイメージを築き上げてきたのだろうか。それは、新宗教の問題を考える上で、極めて重要な問題である。

霊友会の信仰のもとを作った西田無学は、さまざまな職を転々とした庶民であった。創価学会の場合、その創立者となった牧口常三郎《まきぐちつねさぶろう》は、小学校の校長を歴任した教育者であった上、地理学に強い関心をもち、地理学関係の大部の著作も残している。地理学を学んだ関係から、柳《やなぎ》田国男《たくにお》や新渡戸稲造《にとべいなぞう》がかかわった「郷土会」という民俗学の研究団体にも入っていて、柳田や新渡戸とも交流があった。

牧口は、新宗教の教祖としてはめずらしく、知識人、インテリであった。その点は、創価学会の発展する方向に大きな影響を与えていく。そもそも、創価学会が創立されたとき、その名称は、「創価教育学会」というものだった。この名前からもわかるように、当初は宗教団体というよりも、教育者の団体としての性格が強かった。そもそも、「学会」という名前の付け方が、宗教団体らしくない。

ただ、牧口は、創価教育学会を創立する以前から宗教に関心をもっていて、創価教育学会もしだいに宗教的な活動を展開するようになっていく。なぜ牧口が宗教に関心をもつようになったのか、その点について、親交のあった柳田は『故郷七十年』という自伝的な著作のなかで、理由を推測している。柳田によれば、牧口の家庭生活が不幸で、子どもが病気になったり、亡くなったことに夫婦で悩み、苦しんだ。貧苦と病苦が原因になって信仰をもつようになったのではないかというのである。

柳田がこうした推測を行っているのは戦後のことで、すでにその時代には、創価学会と改称された教団は急成長をとげていた。柳田としては、牧口がはじめた教団が大きく成長していっていることに驚きを感じ、そこから牧口が信仰の世界に走った原因について考えようとしたのであろう。

牧口の関心

牧口は、北海道尋常師範学校で学んだ。学校のあった札幌では、むしろキリスト教の信仰が盛んだった。しかし、牧口が関心を寄せたのは、キリスト教ではなく、当時流行していた「日蓮主義」の運動だった。日蓮主義の中心人物は、国柱会《こくちゅうかい》を作った田中智学《ちがく》で、智学は、皇国史観と日蓮信仰を結びつけ、一世を風靡した。牧口は、智学の講演会に何度か出かけているが、その内容に納得できなかったのか、宮沢賢治や満州事変の首謀者、石原莞爾《かんじ》とは異なり、国柱会の会員にはならず、日蓮宗の一派、日蓮正宗に入信する。

日蓮正宗は、日蓮宗のなかの小規模宗派であり、教団としては日蓮宗から独立していて、独自の教学の体系を築き上げていた。日蓮正宗は、系統としては、富士門流という日蓮宗の流派に属し、日蓮を本当の仏であると考える「日蓮本仏論《ほんぶつ》」を特徴とし、さらには日蓮の正統的な教えは日蓮正宗の代々の法主にのみ受け継がれてきているという信仰をもっていた。さらには、国柱会の影響も受け、日蓮正宗を国教とする「国立戒壇論《こくりつかいだん》」を主張していた。しかも、自分たちの信仰に合致しないものは、「謗法《ほうぼう》」として真っ向からそれを否定したため、排他的な性格を強くもっていた。牧口には、性格的に厳格なところがあり、かえってそれが日蓮正宗の排他的な信仰を受け入れる要因になったものと思われる。

こうした経緯を考えてみると、柳田の言う牧口の動機は必ずしも当たっていないように思える。もし貧苦や病苦ということがきっかけであるなら、牧口は、霊能者のところへ救いを求めていたのではないか。そうなれば、久保角太郎や庭野日敬がそうであったように、コンビとなって活動する女性の霊能者と出会い、霊友会や立正佼成会のような宗教団体を組織していた可能性がある。しかし牧口は、久保や庭野とはまったく異なる方向へ進んでいき、それが戦後の創価学会のあり方にも影響を与えたのである。

牧口が関心をむけたのは、日蓮正宗の教学であり、それをもとにした宗教活動の実践であった。牧口は、国立戒壇の建立ということには関心をもっていなかったが、日蓮正宗の信仰を広め、清浄な信仰を社会全体に浸透させていくことに力を注いだ。他の宗教や宗派の信仰を完全に否定し、伊勢神宮のお札である「神宮大麻《じんぐうたいま》」さえ拒否し、会員にそれを焼却させた。それが、牧口が逮捕され、獄につながれる原因にもなった。彼はひたすら日蓮正宗の信仰を貫き、その信仰に外れた振る舞いに出れば、かならず罰を受けるという「法罰論《ほうばつ》」を展開した。

一方で、牧口は、久保や庭野とは異なり、霊的なものについては関心をもたず、先祖供養を行うことで、霊による祟りを防ぎ、それで病気治しなどを行うという、多くの新宗教が採用する救済のシステムをとらなかった。霊的なものへの信仰は、邪教、邪宗として完全に否定された。一番重要な点は、すでに述べたように、先祖供養の重要性を否定したことで、それによって創価学会は、特異な信仰世界を築き上げていくことになったのである。

その際に、日蓮正宗との関係は重要な意味をもった。日蓮正宗は、出家した僧侶の集団であり、儀式を営むことができた。もし、創価学会が、他の宗教や宗派を全否定し、なおかつ出家集団との関係をもたなければ、葬式や結婚式などの儀式をどうするかという問題に直面しなければならなかった。

ところが、日蓮正宗の僧侶との関係があったために、すべての儀式を彼らに頼むことができた。葬式はもちろん、結婚式であろうと地鎮祭であろうと、創価学会の会員は日蓮正宗の僧侶に依頼することができ、他の宗教や宗派に頼る必要はなかった。

排他性の社会的背景

創価学会・日蓮正宗の信仰では、他の宗教や宗派の信仰を受け入れたり、儀式に参加することは、謗法として否定された。謗法とは、仏法そのものを否定することだが、創価学会・日蓮正宗では、自分たち以外の信仰はすべて正しい仏法ではないと考えられている。創価学会の会員は、入会する時点で、他の宗教や宗派に関連するお札や経典などを所持している場合には、それを焼却する「謗法払い」を実践することを求められた。ここにも、創価学会の排他性の原因があった。

こうした創価学会の特異な信仰が受け入れられたのは、そうした伝統をまっこうから否定する信仰さえ受け入れることのできる人間たちが出現していたからである。立正佼成会について述べた際に、その信者となったのは、高度経済成長の時代に新たに地方から都市に出てきたばかりの人間たちだということを指摘したが、創価学会の会員も、基本的にそうした人間たちだった。

ただ、そのなかでも、とくに年齢が若く、農家の次三男で、先祖供養の経験が乏しいような人間たちが、創価学会の会員になっていった。統計的な調査があるわけではないが、年齢が少し上だったり、故郷で先祖供養の経験をもっているような人間にとっては、霊友会や立正佼成会の方が入会しやすかったのではないだろうか。

そうした創価学会と霊友会・立正佼成会の違いは、座談会と法座の違いにも示されている。法座が霊友会系教団の重要な武器であったことについてはすでにふれたが、創価学会では、座談会が法座に代わる武器になった。座談会は、法座に比べて、参加する人数も多く、悩みを親しく打ち明けるというよりも、会員たちが信仰にまつわる体験を発表し、それで全体で盛り上がるという傾向が強い。

私も一度、若い頃に誘われて創価学会の座談会に出たことがある。若い人たちの集まりであったこともあって、雰囲気は明るかった。むしろ明るすぎて、外部の人間にはついていけないほどだった。この例だけでは比較はできないが、他の座談会の話を聞いても、創価学会の座談会の方が、霊友会系の法座よりも明るく、若々しいという印象は受ける。そこには、会員の属性の違いが反映されているのではないか。

霊友会系教団の場合には、中心となって活動を展開したのは、すでに家庭をもち、子どもをもつ中年の女性たちであった。立正佼成会の大聖堂ができた後、バスをつらねて団参にやってきたのも、そうした女性たちだった。

創価学会の場合にも、現在では、婦人部が組織としてはもっとも強く、彼女たちの意向に沿わなければ、組織は動かないとも言われるが、一九五〇年代から六〇年代にかけて、創価学会が急速に発展していた時代には、若い会員たちの活動の方が目立っていた。彼らは青年部に組織されたが、それは軍隊式の組織で、戦闘的だった。一九五七年六月、北海道で、日本炭鉱労働組合、炭労が創価学会の締め出しを決定すると、青年部は八百名の行動隊を北海道に送り込み、炭労批判の決起集会を開いたりしている。

戸田というカリスマ

炭労との戦いの三年前の一九五四年十月、創価学会の青年部員、一万三千人は、日蓮正宗の総本山である大石寺《たいせきじ》に参詣した後、富士山の裾野で「出陣式」を行った。彼らは、創価学会の歌をうたい、分列行進を行ったが、彼らの前に白馬に乗ってあらわれたのが、創価学会の二代会長戸田城聖《じょうせい》であった。この出陣式は、明らかに天皇の閲兵式を真似たもので、創価学会は「軍旗のある宗教」として警戒されることになった。

戸田は、初代会長の牧口の弟子で、最初は小学校の代用教員をしていたが、すぐに学校を辞め、今で言う教育産業、受験産業に転じた。彼が作った「時習学館」という学習塾は多くの生徒を集め、とくに中学受験の公開模擬試験は、当時はめずらしいものだっただけに、大当たりした。また、『推理式指導算術』という算数の受験参考書は、百万部を超えるベストセラーになった。

戸田には、実業家としての才能があり、受験産業のほか、出版社や食品会社にも出資し、手形割引の会社まで作った。それでかなりの収入をあげていたが、稼いだ金は、創価教育学会の活動に使った。そして、牧口が捕らえられたときには、戸田も他の幹部たちとともに逮捕され、獄につながれている。彼が、釈放されたのは、敗戦直前のことだった。

牧口の方は、戦争に行った息子が戦死したことにショックを受け、その後老衰と栄養失調で獄死してしまう。戸田は、その牧口に代わって、戦後、組織の再建に取り組むが、その際に、組織の名称を創価教育学会から創価学会に改めている。

戸田は、牧口とは異なり、教育者というよりも実業家であり、戦後も通信教育や雑誌の出版、あるいは小口金融などの事業を展開した。性格の面でも、明るくてざっくばらんだった。酒飲みで、酒を飲みながら講演をすることもめずらしくなかった。そうした講演がレコードとして残されているが、会員たちも、あけすけできわめて庶民的な戸田会長のことばを受け入れていた。

戸田には、多くの人を集め、集まった人間たちのこころをつかむ特異な能力が備わっていた。その点では、山師的なところもあり、信仰しさえすれば豊かな生活が送れるようになると約束することで、急速に信者を増やしていった。戸田は、日蓮正宗の教えだけが正しいとして、他の信仰を切って捨て、「南無妙法蓮華経」の題目さえ唱えていればいいという単純な教えを説くことで、創価学会を巨大教団に発展させていった。

なぜ日蓮正宗を信仰し、題目を唱えていれば、豊かになれるのか。そこには明確な因果関係はなかった。しかし、高度経済成長という社会背景があり、真面目に働いていれば、収入が増え、豊かになれるという可能性が存在した。そうした背景がなければ、戸田がいくら信仰による豊かさの実現という「現世利益《げんぜりやく》」の教えを説いたとしても、会員は増えなかったであろう。

よく「苦しいときの神頼み」といった言い方がされる。たしかに、人が宗教に頼るのは、悩みや苦しみを抱えているときである。だが、本当に苦しいときには、人は神頼みはしない。不況が長く続き、深刻化しているときには、豊かになれる見込みがないので、神仏に頼ったりはしない。むしろ、経済が好調で、豊かになれる見込みがあるときに、人は神仏に頼る。高度経済成長は、まさに神頼みが絶大な効力を発揮した時代だったのである。

政界へ進出した理由

戸田は、創価学会の二代会長に就任した一九五一年五月、七十五万世帯の折伏を目標に掲げた。自分が死ぬまでにその目標が達成できなければ、遺骸は品川の沖に投げ捨ててくれればいいとさえ言い放った。この時期、創価学会の会員は千世帯前後にすぎなかった。その点では途方もない目標だったものの、目標は達成されてしまった。戸田が一九五八年に亡くなったとき、創価学会の会員世帯は百万に到達していた。

戸田は、急速に拡大する組織の力に支えられて、いろいろと仕掛けていった。すでに述べた炭労との戦いもそうだが、その二年前の一九五五年三月、創価学会の幹部と日蓮宗の僧侶が教義をめぐって議論を戦わせた「小樽問答」の際には、組織を総動員し、創価学会が日蓮宗に勝利したというイメージを作り上げるのに成功する。

そして、小樽問答の翌月には、地方議会に会員を立候補させ、東京都議会議員一名を含む五十二名を当選させている。これが、創価学会による最初の政界進出で、やがては公明党の結成に結びつき、地方議会から国政へと進出していくことになる。

創価学会が政界へ進出したのは、一般に、国立戒壇の建立が目的であり、衆議院で過半数を占めることで、日蓮正宗を国教とすることを議決するためであったと考えられている。それは、宗教による政治支配に結びつくものであり、だからこそ創価学会の活動は批判され、警戒されてきた。

しかし、そもそも戸田は、参議院に議員を送り込むことは認めていたものの、衆議院への進出は否定していた。しかも、政党を結成すること自体を否定していた。実際、最初に地方議会に進出したとき、創価学会の会員は、日本民主党と右派社会党から出馬している。

戸田は、国立戒壇の建立だけが創価学会が政界に進出する目的だとは述べていたものの、創価学会が政党を組織して、政権をとり、それによって国会で国立戒壇の建立の議決をしようとは考えていなかった。創価学会から出馬した議員は、別々の政党に属し、普段はそれぞれの政党の政治理念に従うものの、国立戒壇建立にかんしてだけは一致団結してことに当たる方向性を考えていた。

この理屈はわかりにくいものの、たしかに戸田が生きているあいだには、政党も組織されなかったし、衆議院への進出もはかられなかった。この二つを実現したのが、戸田の後を継いで三代目の会長に就任する池田大作であった。

捏造された戸田の遺訓

池田は、敗戦直後に折伏されて入信し、戸田の作った出版社、日本正学館や小口金融の東京建設信用組合で働き、そこで経営立て直しなどに尽力し、頭角をあらわす。一九五四年には、創価学会の参謀室長に就任し、その活動の中核を担うようになる。

池田は、一九五七年四月の参議院大阪地方区の補選で戸別訪問の容疑で逮捕され、拘置されるが、最終的には無罪になっている。そして、一九六〇年五月、戸田が亡くなった後、空席になっていた第三代会長に就任する。注目されるのは、池田の若さで、彼はこのときまだ三十二歳だった。それは、当時の創価学会がいかに若い組織であったかを示している。

この池田の時代に、創価学会は、戸田の時代よりもさらに組織を拡大させ、巨大教団への道を歩んでいく。しかも池田は、戸田の考えとは異なり、一九六一年には公明政治連盟を作り、六四年には公明党を結成している。公明党は、日本ではめずらしい宗教政党としての性格をもっていた。そして、公明党を結成する段階で、衆議院への進出の意思も表明する。これは、衆議院が解散しなかったため、六七年まで実現しなかったものの、創価学会は政権奪取への道を歩みはじめたのである。

池田は、政党を組織して、衆議院に進出する意思を表明する際に、「時きたらば衆議院へも出よ」という戸田の遺訓をもちだしている。しかし、戸田はこうしたことばを残していないし、それは、生前の戸田の考え方とははずれている。池田は、師である戸田の考えを裏切ったことになるが、当時の創価学会は破竹の勢いで拡大を続けており、彼は政権奪取も夢ではないと考えたのであろう。

そして、公明党の結成と衆議院への進出の意思を表明した際には、国立戒壇建立の計画にも変更を加えている。池田は、大石寺に正本堂を建設する計画を明らかにし、それを民衆立の戒壇として規定した。つまり、日蓮正宗の本尊である板曼陀羅を祀る戒壇の建立を、政治目的から宗教目的に変更してしまったのだった。これも、戸田の考えとはまったく異なるものであった。

もし戸田が言っていたとおり、政党を組織せず、衆議院にも進出しなかったとしたら、その後創価学会がたどった道は、現状とはかなり異なるものになっていたことが予想される。少なくとも創価学会は社会からそれほど強い批判を浴びなかったのではないだろうか。宗教団体が政治権力を奪取する野望を抱いたことが批判を招く決定的な要因であった。後年、池田自身、戸田の言うとおりにしておけばよかったと後悔している。

しかし、池田がありもしない戸田の遺訓をもちだしたとき、創価学会の内部でそのことを問題にするような声はあがらなかった。それは、他の会員たちが、池田の権力に脅えたということではない。上げ潮の創価学会のなかにあって、会員たちは皆、自分たちが権力を握る日がくることを信じていた。それを示すように、会員の数はうなぎ登りで増えていた。会員たちは、社会的に恵まれない階層に属していただけに、権力の座にのぼることへの欲望は強かった。

勝ち負けという原理

創価学会には、「仏法は勝負だ」という言い方があり、勝ち負けを問題にする。『聖教新聞』でも、勝利ということばが見出しや記事に使われていることが多く、選挙でも公明党の候補者の全員当選は「完勝」と表現される。仏教を勝ち負けで考える点で、創価学会は日本の仏教のなかで異色の存在である。

そして、名誉会長をはじめ会員たちは、中国の『三国志』や『水滸伝』を好む。創価学会系の映像会社シナノ企画では、『三国志』のアニメを制作しているし、男性会員の人材養成グループは「水滸会」と呼ばれている。学生運動が盛んな時代には、左翼系でも右翼系でもない運動として「新学同（新学生同盟）」を結成し、池田自らヘルメットをかぶって集会を開いたこともあった。

このように勝ち負けを問題にすることが、創価学会の戦闘性の基盤にあった。だからこそ、創価学会の存在は、既成の仏教教団からだけではなく、労働運動や左翼の、とくに共産党系の政治運動から脅威と見なされた。創価学会アレルギーが生まれたのも、この戦闘性が災いした。

創価学会では、自分たちの組織に対して厳しい批判を展開する人間や組織を「仏敵《ぶってき》」と呼び、仏敵に対しては激しい攻撃を加えた。それが行き過ぎたのが、一九六九年から七〇年にかけて起こった「言論出版妨害事件」である。

創価学会と公明党が、藤原弘達の著作『創価学会を斬る』に対して、当時の自民党の幹事長、田中角栄に依頼してまでその出版を妨害しようとしたことから社会問題化し、最終的には池田が公に謝罪せざるを得なくなった。そして、創価学会と公明党との政教分離を明確にしなければならなくなり、公明党の議員は創価学会の幹部の職から離れ、二つの組織は人事面で分離されていった。

創価学会にとって、この事件は明らかに敗北だった。勝負を問題にする教団だけに、その影響は大きかった。ただ、その背景には、創価学会を巨大教団へと押し上げてきた高度経済成長が曲がり角にさしかかっていたという現実があった。

言論出版妨害事件が起こった一九七〇年には、高度経済成長の頂点をなした大阪万国博が開かれた。そして、七三年には、その終焉を告げるオイル・ショックが起こる。それにともなって、創価学会の伸びも止まり、飛躍的な発展が望めなくなった。創価学会が拡大を続けていかなければ、公明党による天下取りも不可能になる。たとえ、言論出版妨害事件を起こさなかったとしても、創価学会は早晩路線の転換を迫られていたはずである。

信仰の継承

ただそれでも、創価学会は、新たな会員を獲得して組織を拡大していくことから、会員の子どもや孫に信仰を継承させることで組織を維持、発展させていく方向に転じ、巨大組織を保持することに成功する。一般の新宗教にとって、信仰の継承が一番難しい問題である。創価学会の場合、その規模が大きく、人的なネットワークが地域その他に広がっていることが大きかった。

組織の活動に熱心な会員は、日ごろ創価学会の会員としかほとんど付き合わない。そうした家庭に生まれた子どもたちも、創価学会の子どものための組織である「未来部」で活動することで、同じように創価学会のネットワークのなかで友だちを見つけていく。会員同士で結婚すれば、絆はますます強くなる。しかも、日蓮正宗という僧侶集団と密接な関係をもっていたため、葬儀を契機に元の仏教宗派の信仰に戻るということもなかった。

さらに創価学会では、十代、二十代の若者たちがマスゲームを行い、人文字を作る「世界平和文化祭」を開くようになり、それは、若い会員の信仰を覚醒する役割を果たした。文化祭に参加するには、長期にわたる厳しい練習が不可欠で、それを通して彼らは組織のなかに組み込まれていった。

また、創価大学をはじめ、学会系の学園が開設され、会員のための教育環境が整えられていった。創価大学では、まったく宗教教育は行われていない。しかし、学生の大半は学会員で、そのなかから後に幹部となる熱心な学会員が輩出されていった。創価大学出身者の絆も強く、それは組織内のエリート養成の役割も担っている。

　言論出版妨害事件で創価学会と公明党の政教分離を明確化しなければならなくなる前、会長としての池田は公明党の事実上の党首と見なされていた。一般のメディアも、そのようにとらえ、池田の見解が公明党の見解と同一視されていた。

　しかし、言論出版妨害事件以降、池田の公明党に対する影響力はしだいに低下していく。一九七〇年代のなかばに、創価学会と共産党がお互いに誹謗中傷をしないといった協定を結んだことがあり、それは「創共協定」と呼ばれたが、公明党の反対で、その内容は実質的に反古になってしまった。現在の創価学会では、池田が日中国交回復に多大な貢献をしたと宣伝しているが、実際に貢献したのは竹入義勝《たけいりよしかつ》を委員長とする公明党の方だった。竹入は、田中角栄との親密な関係をバネに、自民党との連立を画策したこともあったが、それはあくまで竹入の考えにもとづくもので、池田は事後承認しただけだった。

　政教分離以降は、池田が公明党の委員長を独断で選ぶこともなくなり、委員長、代表のなかにも、池田とはっきり距離をおく人間があらわれるようになる。前の代表の神崎武法《かんざきたけのり》などは、「神崎は正月くらいしかこない」と池田を嘆かせるほど関係は疎遠だった。

　創価学会の内部における池田の力もしだいに衰えていった。創価大学の創立者は池田だが、その開学が言論出版妨害事件の直後の一九七一年だったため、池田は創立式典にさえ出られなかった。七〇年代後半に、創価学会と日蓮正宗が対立し、そのときには創価学会の側が教義からの逸脱を謝罪して事をおさめているが、それは池田の会長辞任に結びついた。そして、『聖教新聞』でも、池田のことをほとんど取り上げない日々が続いていった。

神格化とポスト池田

その後、一九九〇年代のはじめに、ふたたび創価学会と日蓮正宗が対立し、今度は二つの組織がお互いに決別の道を歩むようになると、創価学会の内部では、むしろ池田を「神格化」する動きが盛んになっていく。それを池田の巻き返しとしてとらえることもできるが、実情は、日蓮正宗との関係が切れ、組織を統合するためには、神格化された池田を組織統合の要として使うしかなかったからであろう。池田を、海外の知識人や大物政治家と対話を重ねる平和運動家として押し立て、その証拠として池田に贈られた名誉称号の数の多さが強調されるようになる。

ただし、名誉称号は、池田の活動が評価されたというよりも、創価学会の関連団体である創価大学、民音（民主音楽協会）、東京富士美術館などの活動が評価され、池田がそれを代表して授与されているものである。こうした関連団体は、池田が創立者になっており、その点で、結局は池田が評価されているのだという理屈も成り立たなくはないが、創価大学などは、海外の大学と交流協定を結ぶことに熱心で、それが池田に対する名誉博士号の授与に結びついている。創価大学と海外の大学との交流には、交換留学などの実質がともなわないものも多く、名誉博士号獲得のために協定が利用されていると批判されても仕方がない面がある。

池田は、彼の師である戸田と同様に、会員たちのこころを引きつける力をもち、その性格はざっくばらんである。外部の有識者との対談では、どういった質問がむけられても素直に答えているし、対談の場に一人であらわれることもめずらしくはなかった。逆に、組織としては都合の悪いことも洗いざらい話してしまうので、教団組織の側が外部の人間との接触を制限している部分がある。

その点では、池田の神格化は、池田の「封じ込め」としての性格を併せ持っている。池田自身、自分は常に監視されてきたと述べているが、彼を監視しているのは世間だけではなく、教団組織もそのなかに含まれる。また、七十歳代になってからは健康面での不安が生じ、一時重病説も流れたことがあった。そのためもあって、一般の会員の前に池田が姿を現すこともかなり少なくなってきた。

創価学会では、池田と一般信者の関係を、師匠と弟子の関係としてとらえ、両者が一体であるとして「師弟不二《していふに》」ということを強調するが、池田が一般の信者と直接接触できなくなったことの影響は大きい。しかも、信者たちのあいだでは信仰の形骸化が進行していて、信仰活動の要に位置してきた、題目を上げ、法華経を誦読する「勤行《ごんぎょう》」の短縮化が進んでいる。

仮にポスト池田という事態が起こったとしたら、その影響はかなり深刻なものになる可能性がある。組織が分裂したり、崩壊したりする可能性は低いものの、活力は確実に失われていくはずだ。すでにその兆候は現れており、ポスト池田でそれが加速されることが考えられる。

それも、創価学会が信仰しさえすれば豊かになれると説く現世利益追求型の教団だからで、グローバル化が進む現在の経済状態では、経済発展が庶民の生活の充実や安定に結びつかなくなっている。信仰しても豊かになれない状況が生まれているわけで、創価学会はその壁に直面している。

公明党も、連立政権に入ってから、議席の数を減らし、その存在感が薄れてきている。創価学会が、立正佼成会をはじめとする霊友会系の教団以上に一時、時代の流れと合致していたがゆえに、かえって時代の変化の影響をもろに受けている面がある。果たしてこの危機を創価学会は乗り越えられるのか。ポスト池田が注目されている。

7──世界救世教、神慈秀明会と真光系教団

天国の美術館

温泉地熱海の観光スポットの一つに、MOA《エムオーエー》美術館がある。最近では、全国各地にさまざまな特色をもつ私立の美術館が建てられているが、一九八二年に開館したMOA美術館はその先駆けである。

MOA美術館の目玉となっているのが、この美術館に所蔵されている三つの国宝である。それは、尾形光琳《こうりん》の「紅白梅図屛風《こうはくばいずびょうぶ》」、野々村仁清《にんせい》の「色絵藤花文茶壺《いろえふじはなもんちゃつぼ》」、そして手鑑《てかがみ》「翰墨城《かんぼくじょう》」である。翰墨城は奈良時代から室町時代の古筆の断簡《だんかん》を集めたもので、とても貴重なものではあるが、MOA美術館を訪れる観客のお目当ては、やはり紅白梅図屛風と仁清の壺である。壺の方は常時展示されているが、紅白梅図屛風は毎年二月にしか公開されない。ほかにも、MOA美術館はかなりの数の重要文化財を所蔵しているし、豊臣秀吉ゆかりの黄金の茶室が復元さ

れたりしている。能楽堂もある。

熱海の温泉を訪れたおり、この美術館に立ち寄ったという人も少なくないであろうが、MOA美術館の「MOA」が何の略称なのか、それを考えた人は少ないかもしれない。英語表記でも、“MOA Museum of Art” となっているだけである。

MOAとは、“Mokichi Okada Association” の略称である。岡田茂吉とは、世界救世教《せかいきゅうせいきょう》という新宗教の開祖である。そして、MOA美術館の建設された場所は、「瑞雲郷《ずいうんきょう》」と呼ばれていて、世界救世教の教団では、それを「地上天国」のモデルの一つとしてとらえている。世界救世教は、箱根の強羅に「箱根美術館」も所有しているが、こちらも「神仙郷《しんせんきょう》」という地上天国のなかにある。MOA美術館は、「海の見える美術館」を売り物にしているが、実は「天国の美術館」なのである。

日本には、もう一つ天国の美術館をめざしているところがある。それが、滋賀県の信楽《しがらき》の里にあるミホ・ミュージアムである。この美術館は、JR石山駅からバスで五十分もかかり、かなり不便な土地にある。しかも、バスが通る道は細く、はるか下に渓流が流れている道を行かなければならない。その分、景観は抜群で、山中にミホ・ミュージアムの近代的な建物が不意にあらわれる。それはまるで、陶淵明《とうえんめい》の有名な詩、「桃花源記《とうかげんき》」に登場する桃源郷の趣である。実際、ミホ・ミュージアムは、「シャングリラ（桃源郷）」にある美術館を自称している。

ミホ・ミュージアムには、MOA美術館とは異なり、国宝は所蔵されていない。MOA美術館が日本美術を中心にして、時代も広くとっているのに対して、ミホ・ミュージアムの方は、エジプト、メソポタミア、エーゲ海、インダス、中国の古代文明に由来する品々を中心に集めている。美術館としての方向性は異なるものの、MOA美術館とミホ・ミュージアムは、地上天国に作られた豪華な美術館ということでは共通している。

それもそのはずで、ミホ・ミュージアムを作ったのは神慈秀明会《しんじしゅうめいかい》というやはり新宗教の教団で、世界救世教からの分派なのである。ミホ・ミュージアムの名称は、神慈秀明会を創立した小山美秀子《みほこ》に由来する。ミホ・ミュージアムの近くには、「神苑《みその》」と呼ばれる聖地も建設されている。神慈秀明会には、世界救世教に対する強い対抗意識があり、ミホ・ミュージアムの建設もMOA美術館を意識してのことである。

分派と分裂のくり返し

神慈秀明会は、一時、街頭での布教で知られていた。渋谷や原宿の繁華街で信号待ちなどをしていると、信者が寄ってきて、「三分間、時間を下さい。あなたの健康と幸せを祈らせて下さい」と言ってきた。ほとんどの通行人は、気味悪がって、足早に立ち去っていくが、承諾すると彼らは、三分間、「手かざし」をするのである。この手かざしも、神慈秀明会が世界救世教から受け継いだもので、どちらの教団でも「浄霊《じょうれい》」と呼ばれている。ただ、美秀子の長男で第二代会長だった小山壮吉《そうきち》が一九八四年に亡くなり、その後教団の体制が変わると、この街頭での浄霊は行われなくなった。

ここまで見てきたことで明らかなように、新宗教では、分裂や分派がつきものである。弘文堂から刊行されている『新宗教事典』でも、「分派と影響関係」という章が設けられ、とくに、天理教、大本、霊友会、そして世界救世教の分裂や分派について詳しく説明されている。

しかも、世界救世教の場合には、開祖の岡田茂吉が、世界救世教の前身となる大日本観音会を結成する前に、大本の信者であったという経歴がある。岡田は、大本の宣伝使で、大森支部長をしていた。大本には分派が多いわけだが、さらに世界救世教系の分派が増えることで、その系統はさらに複雑化している。

世界救世教に分派が多いのは、手かざしという浄霊の方法が救済システムの中核に位置づけられていることによる。そもそも、この手かざしは大本に遡るもので、出口王仁三郎は、患部に手をあてて、病を治す手当て療法を行っていたが、やがて「御手代《みてしろ》」と呼ばれる杓子に王仁三郎の拇印を押したものが弟子に渡され、それで病気治しが行われるようになった。地上天国という考え方も、世界救世教が大本から取り入れたものである。

それぞれの新宗教教団は、独自の救済システムを作り上げ、それによって人々を救い、信者を増やしていく。しかし、そうした救済システムには特許が与えられるわけではなく、とくに手かざしのような方法には、特別な修行も必要とされない。また、教義による裏づけも必要とはされない。そのため、一度手かざしの手法を学び、その力を身につけた者は、自分で勝手にそれを活用することができる。大本、そして世界救世教に分裂、分派が多いのも、この手かざしのもつ特徴による。

教団が、自分たちのところで開いている研修会なり、講習会なりに出なければ、本当の浄霊の力は身につかないと主張しても、実際には誰もが手かざしはできるわけで、意味をなさない。そこから次々に独立していく者があらわれるのである。

お光さま

岡田茂吉は、東京浅草の露店商の家に生まれ、一時は画家を志すが、肺結核となり、十年にわたって闘病生活を送る。その後、岡田商店という卸問屋を営むが、第一次世界大戦後の反動的不況で経営危機に見舞われる。そのころ、大本が積極的な宣伝活動を行っていて、茂吉も神田錦輝館《きんきかん》での大本の講演会に出かけ、興味をもつようになり、一九二〇(大正九)年に大本に入信した。茂吉は、熱心に活動し、大本の本部がある綾部に出かけて修行を行ったりしていたが、甥の彦一郎が綾部に修行に出かけたおり、水死したため、一時大本から離れる。

しかし、茂吉から宗教に対する関心が失せてしまったわけではなく、大本の開祖である出口なおの「御筆先」を読み込み、そこに「東京はもとの薄野になるぞよ」という予言を見出す。その予言は、一九二三年の関東大震災で現実のものになる。そこから大本の信仰に戻り、神霊学を学ぶが、二六年には自ら自動書記を体験する。これは王仁三郎の『霊界物語』に影響されてのことであろうが、茂吉はさらに大本で説かれた鎮魂帰神法の修得に心血を注ぐ。すると周囲の人間が、茂吉の身辺に観世音菩薩が出現していると言い出し、彼自身も自らの腹のなかに光の玉が宿っているのを感じるようになる。

一九三一（昭和六）年、夢で啓示を受けた茂吉は、千葉の鋸山にある乾坤山日本寺に参詣し、鋸山の頂上でご来光を仰いだとき、霊界において夜の時代から昼の時代への転換が起こったことを知る。ここにも大本の世の立て替え思想の影響が見られるが、茂吉はそれを仏教で説かれる「五六七《みろく》の世」の到来としてとらえた。そして、霊の世界で起こったことが、そのあと現実の世界に現れるとする「霊主体従《れいしゅたいじゅう》の法則」と、大本の御手代を発展させた浄霊法を確立していく。

茂吉の活動が独自性を発揮するようになったため、大本のなかで批判が起こり、一九三四年には、東京麴町の平河町で「岡田式神霊指圧療法」を開始し、大本を脱退して、翌年には大日本観音会という宗教結社を立ちあげた。ところが、医師でもないのに治療行為を行ったとして、二度検挙され、それ以降は、大日本健康協会と改称し、指圧に専念する。それでも戦時中、茂吉の作ったお守りは、「鉄砲よけ」、「空襲よけ」として評判をとったという。

戦争が終わると、日本浄霊療法普及会を経て、熱海に日本観音教団を再建する。そこで、浄霊を再開し、手かざしによる病気治しは、掌から光が出るとして、「お光さま」と呼ばれた。お光さまの背景には、観音信仰があった。だが、NHKラジオの街頭録音では、お光さまがくり返し批判の対象となり、その場に信者が押し寄せてきて、騒ぎになったこともあった。

この時代の世界救世教は、組織として統合されておらず、有力な支部が個々ばらばらに活動していて、そのなかから独立するものも少なくなかった。ただ、最大支部で渋井総三郎が率いていったんは独立した日本五六七《みろく》教の場合には、一九五〇年に、日本観音教団が世界救世教へと改称された際には、そこに復帰している。世界救世教系の教団は、独立が容易な分、再統合もさほど難しいことではなかった。

世界救世教の誕生

世界救世教への改称は、観音信仰からの脱皮をめざしてのことであった。岡田は、「観音の衣をかなぐり捨てたまい、メシアと現るる大いなる時」と述べ、観音に由来する大光明如来を、宇宙の創造神である大光明真神《みろくおおみかみ》へと改め、教団の近代化、現代化を進めていった。その直後に、脱税や贈収賄容疑で執行猶予付きの有罪判決を受けると、地上天国の建設や、箱根美術館やMOA美術館の設立に結びつく美術品の収集、そして、自然農法の普及といったことに力を入れていく。茂吉の美術への関心にも、王仁三郎の影響が見られる。

地上天国の建設は、現実とは異なる別の世界を作ろうとするユートピア思想にもとづくもので、そこには現実の社会に対する批判がこめられている。それは、岡田が世直しを説いた大本から引き継いだもので、手かざしによる浄霊も、間違った世界を浄化する手段として位置づけられる。そして、自然農法も、農薬や人工肥料に依存した現在の農業に対する批判にもとづくもので、土のもつ本来の浄化力を活用しようとする試みであった。その点で、浄霊の考え方に通じている。

一九七〇年代の後半から、日本の社会全体で食の安全に対する関心が高まり、そのなかから自然農法や有機農法、あるいは自然食品が普及するようになっていくが、世界救世教の運動はその先駆的なものであった。現在でも、世界救世教系の自然食品店が全国に存在しているが、私がかつて農業共同体であるヤマギシ会に属していた時代、ヤマギシ会は一部で世界救世教の土地を借りて農場を営み、そこで生産された食品を世界救世教系の自然食品店で販売してもらったりしていた。こうした自然志向も、世界救世教系の個々の教団に受け継がれている。

ところが、一九五五年に岡田が亡くなると、もともと教団としての統合が弱かったために、独立する者が出てきた。佐賀の教会長、木原義彦が独立して晴明教《せいめいきょう》を、兵庫の支部長、池内一次が大本光之道《おおもとひかりのみち》を、京都の教会長、牧喜之助が救世主教《きゅうせいしゅきょう》を設立する。さらに、一九六〇年代半ばになって、世界救世教が「一元化」と称する中央集権化を押し進めようとすると、それに対する反発が起こり、離脱、独立が相次いだ。そのなかでもっとも大きな勢力をともなって独立したのが、神慈秀明会だったのである。

ほかにも、小野田松造の救世真教《きゅうせいしんきょう》、後藤英男の救世神教《きゅうせいしんきょう》、大沼祐子の救いの光教団などが独立している。そして、世界救世教の内部でも、分裂騒動が起こり、三つの派に分かれて、それぞれが正統性を主張した。これは、裁判に持ち込まれたが、和解が成立し、二〇〇〇（平成十二）年には、世界救世教を包括法人とし、そのなかに、三つの派が世界救世教いづのめ教団、東方之光《とうほうのひかり》教団、世界救世教主之光《しゅのひかり》教団という被包括法人として所属する形態がとられることになる。興味深いのは、この三つの教団が二〇一〇年には再統合を計画している点である。分裂もするが、再統合も可能なのが世界救世教の特徴である。

神慈秀明会の歴史と活動

神慈秀明会を創立した小山美秀子は、一九一〇（明治四十三）年に大阪で河崎美秀子として生まれ、女学校を卒業した後、キリスト教主義にもとづく東京の自由学園で学んだ。小山晃吉と結婚し、家庭に入ったが、三人目の子どもを出産する際に体調を崩し、岡田の弟子から浄霊を受け、大日本健康協会に入会する。彼女の父親が観音信仰をもっていたので、その関係から、岡田を知ったのであろう。

美秀子は、自宅で浄霊を行い、やがて岡田の直接の弟子になっていく。戦後には、京都の鹿ヶ谷に移り、一九四九年には、自宅が布教所から教会に昇格し、それは秀明教会と呼ばれた。そして、教会員の数を増やしていき、離脱する前の年、一九六九年には、一万八千人を超える人間を抱えるまでになっていた。世界救世教のなかでも、有力な教会に発展していたのである。

神慈秀明会の二代目会長となる小山壮吉は、晃吉・美秀子夫妻の長男に生まれ、同志社大を卒業し、アメリカのUCLAに二年間留学した経験ももっていた。そして、一九六五年に秀明教会の二代目会長となり、世界救世教から離脱後は、海外で教勢を伸ばすことに成功したが、八四年に四十八歳で亡くなっている。その後を継いだのが、妹の小山弘子であった。

また、世界救世教からの離脱後には、すでに述べた街頭での浄霊を積極的に押し進めることで、教団の勢力を拡大していき、神苑や美術館の建設を可能にする財力を蓄えていったが、なかには布教に専心することで、学業を辞めてしまったり、仕事を放棄してしまう人間が出てきて、社会的な批判を受けることにもなった。そこから、神慈秀明会は危険なカルトの一つと見なされるようになり、教団内部では、その点を反省し、一九九七年には旧体制から新体制への移行を宣言している。

元軍人の開祖

世界救世教が分裂や分派をくり返してきたことについてはすでにふれたが、そうした分裂や分派とは区別されるものの、浄霊や聖地の建設、自然農法への関心といったところで共通しているのが、世界真光文明教団《せかいまひかりぶんめいきょうだん》や崇教真光《すうきょうまひかり》といった真光系教団である。実際、その創立者となる岡田光玉《おかだこうたま》は、一時世界救世教の有力な信者、布教師であった。ただ、光玉が世界救世教の影響を受けていることは間違いないにしても、教会ごと脱退しているわけではないので、分派とは言えない。

光玉は、一九〇一（明治三十四）年、陸軍少将主計総監までつとめた岡田稲三郎《いなさぶろう》の七人姉弟のただ一人の男の子として東京に生まれた。本名は良一であった。父親は五十四歳で亡くなっており、その後、光玉は、陸軍士官学校へ入学し、日中戦争では仏領インドシナで実戦に加わり、陸軍中佐にまでのぼりつめたものの、胸椎カリエスと腎臓結石を患い、予備役に編入された。

その後、実業界に転じるが、空襲で事業は灰燼に帰した。敗戦後には、いろいろな事業に手を出した。またこの時期に宗教に関心をもち、生長の家や大本、そして世界救世教とかかわりをもったようだ。しかし、この時期、光玉が何をしていたのか、また世界救世教のなかでどういった活動をしていたのか、詳しいことはわかっていない。

それがはっきりしてくるのは、一九五三年に多田建設という建設会社に取締役顧問として入社してからである。多田建設は現存し、一時は東京証券取引所市場一部に上場したこともある有力企業だが、この当時は、従業員五十人程度の小規模な土建屋にすぎなかった。光玉は、このとき岡田龍道と名乗っていて、軍隊時代の人脈を生かしたのか、自衛隊関係や住宅公団の仕事をとってきたという。

このように、光玉は、陸軍の元軍人であり、実力をともなった実業家であった。その点は、創価学会の戸田城聖に似ているし、第10章でふれるGLAの高橋信次とも共通する。光玉が多田建設に入ったときには、同時に光開発という会社を設立したことになっている。この光開発については、まったく実像や活動の内容がわかっていないが、企業名に「光」とつけられたところには、お光さまと呼ばれた世界救世教の影響があったものと思われる。

そして、光玉は、五日間高熱にうなされ、人事不省に陥ったなかで神の啓示を受ける。「天の時到れるなり。起て、光玉と名のれ。手をかざせ。厳しき世となるべし」という啓示だった。それは、一九五九(昭和三十四)年二月二十七日のことであった。光玉が生まれたのは、明治三十四年二月二十七日で、啓示は明治を昭和に入れ換えた日に起こった。彼は、五十八歳にして岡田光玉という宗教家に生まれ変わったのだった。

光玉は、L・H陽光子友之会《ようこうしとものかい》を創立し、事業家としての活動を続けながら、宗教活動を展開するようになる。一九六三年には、組織の名称を世界真光文明教団に改めている。そして、次第に信者を増やしていくことになるが、その教えがシンプルで、教義や戒律をほとんど問題にしないことが広く受け入れられた原因だった。

若者が関心をもった新宗教

新宗教に入信する動機として、一般に「貧病争」ということが言われる。光玉は、そうした不幸の原因が悪霊による憑依によるものだととらえ、浄霊によってその霊障《れいしょう》を取り除くことができると説き、浄霊を「真光の業《まひかりのわざ》」と呼んだ。具体的には、霊障に苦しむ者の前に、「(神)組み手」と呼ばれる信者が座り、右手を額の前にかざすと悪霊が動き出す霊動が起こり、それによって浄化され、不幸の原因が取り除かれるというのである。組み手になるには三日間の研修を受ければいい。

基本的には、これがすべてで、その救済のシステムは極めてシンプルである。真光の業と霊動との関係は、野口晴哉《はるちか》の創始した「野口整体」における「愉気《ゆき》」と「活元《かつげん》」を宗教的、霊的に解釈したものである。さらに、光玉は、一九六二年から、神による裁きである「火の洗礼」

がはじまったとする終末論的な予言を行った。こうした予言は、七三年のオイル・ショック以降、世の終わりに対する恐れを抱いた若者を教団のなかに取り込んでいく上で重要な役割を果たすことになった。

　しかし、一九七四年に光玉が七十三歳で亡くなると、後継者が決まっていなかったため、内紛が起こる。それは、裁判沙汰にまでなり、教団は高弟の関口榮が継承し、光玉の養女であった岡田恵珠《けいしゅ》が独立して、崇教真光《すうきょうまひかり》を名乗ることになった。世界真光文明教団からは、依田君美《きみよし》の神幽現《しんゆうげん》救世真光文明教団が独立している。心霊劇画を描いている黒田みのるは、同時にス光《ひか》光波世《りこうはせ》界神団《かいしんだん》の開祖でもあるが、黒田は、一時世界真光文明教団の信者で、手かざしも取り入れている。

　世界真光文明教団と崇教真光の場合、世界救世教、さらには大本の影響は、聖地の建設というところに示されている。世界真光文明教団では、伊豆の修善寺近くの山中に高さ六十メートルの主座世界総本山をかまえている。また、崇教真光の場合には、飛驒高山に高さ五十メートルの主座黄金神殿をかまえている。

　主座黄金神殿は、屋根に亜鉛と銅の合金である丹銅板が使われ、金色に輝いている。俳優の丹波哲郎が映画『大霊界』の撮影を行ったとき、霊界のロケ地に使われたのが、この神殿だった。

また、崇教真光では、神殿から近い丹生川村《にゅうかわ》（現岐阜県高山市）に陽光農園を作り、無農薬、有機肥料の農園を営んでいる。こうした自然農法への関心も、世界救世教の場合と似ている。世界救世教系の教団、あるいは真光系の教団の変遷を追っていくと、それは実に目まぐるしい。すぐに教団の分裂や分派が起こる。まるでそれは細胞分裂の過程を見ていくようである。浄霊には組織による活動を必要としない。その点で、日蓮系、法華系の新宗教教団とはかなり性格が違う。法華系の教団では、法座や座談会を通しての人的ネットワークの形成が極めて重要であり、その点で、組織は共同体的な性格をもつ。ところが、世界救世教系・真光系では、そうした共同体が形成される契機になるものが欠けている。

一時、真光系の教団は、新宗教としてはめずらしく若者を集めているということで注目された。それも、組織活動への参加を強く求めない点で、若者たちは、比較的気軽に真光系教団にかかわっていくことができたからである。その点で、今日のスピリチュアル・ブームの先駆けとなったと評価することもできるが、簡単にかかわれるだけに、抜けていくのも簡単である。その点で、組織の永続性を保つことが難しい。

そして、世界救世教のように、一元化という教団組織の引き締めを行えば、教団内に反発が生まれ、分裂を引き起こすし、信者を勧誘へと駆り立てれば、神慈秀明会のようにカルトとして社会からの批判を浴びることになる。そこに、こうした教団の組織運営上の難しさがある。

8―ＰＬ教団

甲子園と新宗教

二〇〇七年夏、高校野球の全国大会に出場するための西東京地区の予選で、ちょっとした話題になりそうな出来事が進行していた。準決勝に、創価高校と佼成学園が勝ち進んでいたからである。

しかも両校は、準決勝では当たらなかった。どちらも準決勝を勝ち抜けば、甲子園の出場権をかけて、決勝で激突する。それは、たんに甲子園出場経験をもつ高校同士の戦いではなく、長年ライバル関係にある二つの新宗教、創価学会と立正佼成会の対決になるはずだった。

高校野球の結果は、新宗教の教団にとって大きなニュースである。たとえば、創価学会の機関紙『聖教新聞』では、一面にニュースらしいニュースが掲載されることはほとんどないが、高校野球の結果だけは別で、創価高校が甲子園出場を決めようものなら、そのニュースは一面トップに掲載される。両校激突でいったいどういう応援がくり広げられるのか、私は密かに楽しみにしていた。

創価高校の方は、日大三高を破り、見事決勝に進出した。ところが、佼成学園の方は、八王子に敗れ、準決勝で敗退してしまった。けっきょく、創価高校はその八王子を破り、甲子園出場を決めたが、創価学会と立正佼成会の対決は幻に終わってしまった。ただ、両校は高校野球の名門であり、次の機会に両校が甲子園をかけて相争うこともあるかもしれない。

甲子園と新宗教の関係は深い。新宗教の教団のなかには、創価学会や立正佼成会以外にも、関係する高校をもっているものが多く、なかには甲子園の常連校になっているところがある。二〇〇七年夏の第八十九回大会でも、創価高校以外に出場していた新宗教系の学校があった。

奈良代表の智辯学園と和歌山代表の智辯和歌山は、辯天宗《べんてんしゅう》を母体にしている。辯天宗は、真言宗の僧侶だった大森智祥とその妻、清子が戦後に開いた仏教系の新宗教で、辯財天を祀っている。清子は、子どもを生んだ後に体調を崩し、拝み屋で見てもらったところ、辯財天を祀るように言われ、それを実践していた。そして天啓を受け、そこから救済活動をはじめた。

信者数は、公称で三十万人程度で、それほど大きな教団とも言えない。むしろ智辯学園や智辯和歌山の方が名高い。両校は兄弟校で、理事長は同一人物だが、二〇〇二年の夏の大会で甲子園で対戦した。そのときには、智辯和歌山が七対三で勝利している。

もう一校、二〇〇七年夏の大会に出場したのが、金光大阪であった。金光大阪は、高校生のホームラン記録を塗り替えた中田翔《しょう》を擁する大阪桐蔭《とういん》を破って甲子園出場を決めた。初出場であった。金光大阪の母体となっているのが、岡山に本部がある金光教《こんこうきょう》である。金光教は、天理教と同様に幕末維新期に誕生した新宗教の草分けである。

金光教は、金光大阪以外にも、金光学園、金光八尾、金光藤蔭という高校をもち、金光学園には中学もある。さらに金光教は、関西福祉大学という大学も作っている。

名門ＰＬ学園

全国の私立高校のうち、およそ三分の一が宗教団体を経営母体としている。そのうち六割がキリスト教系の学校である。仏教系はキリスト教系の半分で、神道系はごくわずかである。そして、新宗教系は二十校ほどに過ぎない。

ところが、高校野球では、新宗教系の高校の活躍が目立つ。キリスト教系の高校で二〇〇七年夏の大会に出場したのは福島の聖光学院だけで、仏教系は南北北海道の駒大苫小牧と駒大岩見沢だけである。いかに新宗教が高校野球に力を入れているかがわかる。

そのなかでも、甲子園の常連校、高校野球の名門校として知られているのが、天理教の天理高校と、ＰＬ教団のＰＬ学園である。天理高校は、春の選抜に十七回、夏の大会に二十三回出場し、春に一度、夏には二度全国制覇をなしとげている。

ＰＬ学園の場合には、さらに多く、春の選抜には十九回出場して三回優勝し、夏の大会には十六回出場して四回優勝している。しかも、天理高校の創立が戦前の一九〇八（明治四十一）年（旧制天理中学として）であるのに対して、ＰＬ学園の創立は五五（昭和三十）年と歴史は半分である。ＰＬの甲子園初出場は六二年のことだから、いかに短期間に高校野球の名門にのぼりつめたかがわかる。桑田、清原をはじめ、ＰＬ出身の有名プロ野球選手はいくらでもいる。

各高校が、甲子園出場に力を入れるのは、基本的に、その学校の名前を広く知らしめ、生徒の募集に役立てるためだが、ＰＬ学園の場合には、ＰＬ教団の教義である「人生は芸術である」ということが影響している。人生を芸術としてとらえるということは、自己表現を重視することであり、教団ではスポーツにも力を入れている。

その代表がゴルフで、大阪富田林市にある本部に隣接して、教団グループが経営するゴルフ場、聖丘カントリークラブがある。このグループでは、ほかに三つのゴルフクラブをもっている。ブラジルにあるＰＬゴルフクラブも、元はＰＬ教団が作ったものだった。

日本一の花火

もう一つ、ＰＬ教団を有名にしているのが、毎年八月一日に行われる花火大会である。打ち上げ会場は聖丘カントリークラブが使われ、打ち上げられる花火の数は十二万発にも及ぶ。ちなみに、隅田川の花火大会が二万発で、東京湾大華火祭が一万二千発である。ＰＬが打ち上げる花火の数は、東京湾の十倍である。

私も一度、このＰＬの花火大会を見たことがあるが、それはすさまじいものだった。圧巻なのはラストで、どの花火大会でも景気よく数多くの花火が連続して打ち上げられるが、ＰＬの場合、その数は八千発で、それが一挙に連続して打ち上げられる。空全体が花火によって埋め尽くされ、空自体が爆発しているように感じられる。そんな光景は、それまで見たことがないし、それからも見たことがない。ＰＬの花火を経験すると、ほかの花火大会に感動することは難しくなる。

重要なのは、この花火大会が、たんなる客寄せや観光行事としてではなく、あくまで宗教行事として営まれている点である。その正式な名称は、「教祖祭ＰＬ花火芸術」と言う。ＰＬ教団の初代教祖は、御木《みき》徳一《とくはる》という人物だが、彼は晩年、自分が「死んだら嘆いたりせずに花火を打ち上げて祝ってくれ」と話していたという。この遺志にしたがって、教祖の亡くなった日に、花火が打ち上げられているわけである。花火という発想も、「人生は芸術である」を掲げるＰＬ教団らしい。

宗教法人としての認証を受ける際には、アルファベットの表記が認められておらず、ＰＬ教団の正式な名称は、パーフェクト・リバティー教団である。この「完全なる自由」を掲げる教団は、高校野球にしても、ゴルフ場にしても、そして花火にしても、一般にイメージされる新宗教とは異なり、かなり現代的である。

しかも、コンピュータの導入にも熱心で、一九六六年に導入されている。それは、「宗教は科学と一致する」という考えにもとづくもので、各信者の個人指導のデータを蓄積し、それをコンピュータ処理している。また、五六年にはＰＬ病院を開院し、七〇年代はじめには、東京と大阪に健康管理センターを作っている。これは、会員制の健康管理組織で、会員は定期的に人間ドックを受けられるようになっている。ほかにＰＬランドというレジャーランドを作ったこともあるが、これは閉鎖されてしまった。

ただし、現在のＰＬ教団が近代的な装いをもった特異な新宗教に見えるとはいえ、もともとそうした教団だったわけではない。その創立は戦前に遡り、他の新宗教と同様に伝統的な信仰の世界から教団は生み出されてきている。しかも、戦争中には、厳しい弾圧を受けている。

徳光教という母体

ＰＬ教団の開祖であった御木徳一は、一八七一（明治四）年、松山の商人の家に長次郎として生まれた。ところが、父親が商売に失敗し、近くの黄檗宗《おうばくしゅう》の寺の養子になり、得度して長源と名乗る。その後、黄檗宗の大本山、萬福寺で修行し、諸国を遍歴する。その間に名前を何度か変えたが、最終的に徳一を名乗り、最初に得度した安城寺の住職になるが、貧乏寺で生活が立ち行かなかった。

そこで、二十三歳のときに結婚した妻と三人の子どもを連れて、僧籍を離れ、大阪に出て商売をするようになる。そして、徳光教という宗教を開いていた金田徳光と出会い、その信者となって活動するようになる。この徳光教が、PL教団の原点となり、教団のなかで徳光は、「幽祖《かくりおや》」と位置づけられている。

徳光は、丁稚に入った店の主人の影響で、弘法大師信仰をもつようになり、高野山にくり返し参詣するなど真言宗の修行を行った。そして、一九一二（大正元）年に、教派神道の一派、御嶽教《おんたけきょう》に所属する徳光教会を設立している。御嶽教は、山岳信仰を核にしていて、その修行者は山伏であった。徳光が最初そこに所属したのは、彼の修行者としての経歴からすれば当然のことだった。信仰の中身は神仏混交で、教会を設立するにあたって、「神訓十八か条」を定めているが、それは、「神は国の宝である」にはじまり、「世に現はれたる一切のものは道と知れ」や「幸福は己を捨つるにあり」というように、一般的な道徳を説いたものになっていた。

徳光は、相場の予想や商売のコツを伝授したり、病気治しを行っていた。病気治しは、病気を自分の体に引き受け、それで治そうとするところに特徴があり、それは、「お振替」と呼ばれた。

徳一は、息子の徳近とともに徳光教で活動したものの、一九一九年に徳光が亡くなる。徳一は、その後を継ぎ、一九二五年には御嶽教徳光大教会本部を設立し、二八（昭和三）年には扶《ふ》桑教《そうきょう》に移り、三一年には扶桑教ひとのみち教団を立ちあげる。

その直前、一九三〇年には、朝参りという行事がはじまっている。朝参りは、仕事や学校に出る前の早朝に集まって、説教や礼拝、体験告白などを行う。これは、早起きの徳を強調するもので、現在のPL教団にも受け継がれている。さらにこれは、倫理研究所やそこから分派した実践倫理《じっせんりんり》宏正会《こうせいかい》といった修養団体にも受け継がれ、一般に「朝起き会」の名前で知られる。倫理研究所の創立者である丸山敏雄と実践倫理宏正会の上廣哲彦は、ひとのみち教団の教師と信者であった。

ひとのみち事件

ひとのみち教団は、大きく発展していく。中国や朝鮮半島にも進出し、各地に支部が作られていった。いかにひとのみち教団が発展したかは、一九三四年に大阪の布施市（現東大阪市）に建設された大本殿に示されていた。この建物は、高さ二十七メートル弱で、二千三百坪の広さがあり、なかの大広間は柱なしの千八畳敷きで、二万人の収容人数を誇った。当時の写真が残されているが、大本殿には人があふれていた。

ひとのみち教団がこれだけ発展したのは、天照大神を至高の神として認め、教育勅語に示された道徳を教えるなど、体制に対して極めて従順だったからである。日本は長い戦争の時代に突入し、戦争を支えるために国民の教化を進めていた。そうした国家の方針に合致する方向で臨んだことで、ひとのみち教団は大きく発展したのである。

しかし、ひとのみち教団が百万人を超える信者を獲得し、社会的な影響力をもつようになると、国家はその動向を危険視するようになっていく。一九三五年には第二次大本事件が起こっており、国家は新興の宗教教団に対する統制を強めていた。それはひとのみち教団にも及び、三七年、教団本部に特高警察が入り、教祖をはじめ幹部たちを逮捕した。治安警察法にもとづいて教団は結社禁止処分を受け、教団は解散させられた。動産、不動産は売却や処分、破壊を命じられ、ひとのみち教団は一挙に解体されていくこととなった。

ひとのみち教団は、体制に順応する姿勢を示しており、不敬にあたるような信仰など保持していなかった。実際、不敬罪にあたるとされたのは、太陽を天照大神として信仰していることが根本的に間違っているといったもので、言いがかりに近いものだった。

それでも、教祖の徳一は、厳しい取り調べを受けて、保釈中に死亡し、息子の徳近が懲役四年の有罪判決を受けたほか、教団幹部にも有罪判決が下った。大審院でも有罪となり、徳近は入獄し、敗戦によって不敬罪が消滅するまで、囚われの身となっていた。

PL教団としての再生

一九四五年十月に徳近が出所すると、教団を再建する動きがはじまり、教団の名称は、ひとのみちからパーマネント・リバティー教団に改称された。「永久の自由」という教団名には、弾圧から解放されたことへの喜びが示されていた。しかも、教団組織は、パーマネント・リバティー・クラブと呼ばれ、文化運動の性格をもたされていた。パーマネント・リバティーはすぐにパーフェクト・リバティーに改められている。

一九四六年には、佐賀県鳥栖市の徳近の妻の実家でPL教団の立教が行われ、翌四七年には、PL教団の基本的な教義となる「二十一か条の処世訓《みおしえ》」(現在は「PL処世訓」)が発表される。これは、徳近が神から啓示されたものとされ、その第一条が「人生は芸術である」であった。

二十一か条のなかでは、「二、人の一生は自己表現である」、「三、自己は神の表現である」のように、自己表現が重視された。そして、「九、人は平等である」や「十四、世界平和の為の一切である」、「十六、一切は進歩発展する」、「二十一、真の自由に生きよ」といったところには、戦前とは異なる戦後的な価値観が示されている。

ただ、「六、自我無きところに汝がある」、「十一、一切を神に依れ」、「十三、男性には男性の、女性には女性の道がある」のように、伝統的で保守的な教えも含まれていた。また、「十五、一切は鏡である」には、金田徳光の「神訓十八か条」にあった「世は鏡　人は鏡　子は鏡」の影響があり、そもそも短い警句によって教えを示そうとしたところに、徳光の影響があった。

ただ、教義の中心に「人生は芸術である」といったことばを据えた点では、当初から時代に即した教団の近代化を意図していたことが窺える。社交ダンスを布教教化の手段として利用したこともあるし、『芸術生活』という総合芸術雑誌を刊行していたこともあった。徳近は、芸術家とも親交があったし、一九七〇年に富田林の本部に建設された高さ百八十メートルの「超宗派万国戦争犠牲者慰霊大平和祈念塔」は、徳近自らが原型をデザインしたもので、ガウディーの建築物を思わせる。一九七〇年といえば、大阪万国博が開かれた年で、大阪には岡本太郎の太陽の塔と、この大平和祈念塔という特異な二つの塔が出現したことになる。

社会との調和

しかし、芸術や自己表現の強調は、教団のイメージアップには大いに役立つが、信者を集める武器になるものではない。やはり、新宗教が信者を集めるのは信仰による病気治しの実践を通してで、ＰＬ教団の場合にも、その点は重要な意味をもっている。

PL教団では、まず病を「みしらせ」としてとらえる。これは、病を神からのメッセージとしてとらえる見方にもとづくもので、人が心得違いをしたとき、神が警告を発すると考えられている。これは、PL教団にかぎらず、多くの新宗教で採用されている考え方で、すでに天理教に見られた。天理教では、病はすべて親神が人間の心得違いを直させるために引き起こしたものだと考えられている。

病が神からのメッセージだとしても、一般に信者には自分がどういった心得違いをしているかがわからない。そこで、PL教団では、「みしらせ願」を出し、担当の教師から、原因と対処の仕方について解説をしてもらうことになる。これが、「みおしえ」である。ほかに、神前において信仰を誓うことで、病からの解放を願う「祖遂断神事《おやしきりしんじ》」がある。

さらに、「お身代わりの神事」というものがあるが、これは徳光教において「お振替」と呼ばれ、ひとのみち教団では「転象《てんしょう》」と呼ばれていたものがもとになっており、病による苦痛を一時、教団の教祖、教主の肉体に引き取ってもらうものである。

こうした病気治療の考え方は、伝統的なものになるわけだが、迷信と言われかねない部分をもっている。実際、戦前においては、天理教や世界救世教の前身、大日本観音会で見られたように、そうした病気治療の実践が医療を妨げたとして取り締まりの対象になった。今でもそれで事故が起これば、教団は糾弾される。

PL教団の場合には、近代医学を認め、それを教団の活動のなかに取り込むことで、問題が起こらない仕組みを作っている。PL病院は、三百七十床のベッド数を誇り、六十八名の常勤医師を擁する総合病院に発展している。医学を否定しないことで、社会との摩擦が起こることを事前に防いでいる。

そして、儀式にかんしても、結婚式や葬式、地鎮祭や七五三など、独自の形式を作り上げ、それを実践している。また、各地域での座談会や本部での「聖地錬成」という研修も実施している。およそ、新宗教の教団がやりそうなことをすべて取り入れ、それをシステムとして提供している。PL教団から、修養系の団体を除いて、分派が生まれてこなかったのも、このシステムを全体として実践するには組織としてかなりの規模が必要だからであろう。

このように、戦後近代化をとげたPL教団ではあるが、戦前に不法な弾圧を受けたということは、教団の歴史のなかに深く刻まれており、今でもその点を忘れてはいない。オウム真理教の事件後、宗教法人法が改正になり、各宗教法人は、財産目録や収支計算書を含む備え付け書類の写しを所轄庁に提出しなければならなくなったが、PL教団はそれを拒否している。教団としては、この法改正が、宗教の不当な取り締まりに結びつくことを懸念してのことで、そこに戦前の経験が影響していることを認めている。書類の写しの提出を、こうした形で明確に拒否した教団は少なく、その点で、PL教団の姿勢は際立っている。

9――真如苑

何かと話題の教団

真如苑《しんにょえん》のことが最初に広く知られるようになったのは、一九八〇年代半ばのことである。当時、人気の絶頂にあった沢口靖子をはじめ、高橋惠子や鈴木蘭々、松本伊代、大場久美子といった美人女優、タレントが真如苑に入信していると伝えられたからである。その時代にはまだ、新宗教といえば、中年の女性が貧病争から脱するために入信するというイメージが強かった。このころから日本はバブル経済の時代に入り、そのなかで宗教ブームということが言われるようになっていく。真如苑への関心の集中は、そうしたブームの先駆けだった。

これを契機に真如苑の実態をルポした本が刊行されるようになり、なかにはそのスキャンダルを暴こうとするものもあった。そして、真如苑が、創価学会と信者の獲得合戦で激しい鍔迫《つばぜ》り合いを演じているとも伝えられた。バブルの時代には、高度経済成長の時代ほどではないにしても、人口の都市への集中という現象が起こり、新宗教に信者拡大の余地を与えた。そうした社会的な状況の変化が、立川に本部を置く真如苑と、創価大学のある八王子を中心に東京西部に強い地盤をもつ創価学会との対立を生んだのである。

真如苑に関心が集まるなかで、とくに注目されたのが、「接心《せっしん》」と呼ばれる修行だった。それは霊的な能力の開発を目的としたもので、教団独自の秘儀と位置づけられている。バブル時代の宗教ブームでは、霊能の開発を売り物にした教団が注目されることが多かった。それは、今日のスピリチュアル・ブームの先駆けとなるもので、宗教学や宗教社会学の研究者のなかにも、接心に着目し、それについて研究を進める人間が少なくなかった。

バブルが崩壊すると、それにともなって宗教ブームも下火になっていった。そして、オウム真理教の事件が起こることで、宗教は危険だというイメージが強まると、世間の新宗教に対する関心はさめ、むしろその動きを警戒するようになった。アメリカでの同時多発テロは、さらにそれに拍車をかけた。宗教ブームを煽ったメディアも、新しい宗教の動きを伝えることがなくなり、研究者も新宗教の研究から手を引くようになっていった。それにともない、一九九〇年代に入ると、真如苑が注目されることもなくなっていった。

それでも、二〇〇一（平成十三）年には、真如苑が、立川市と武蔵村山市にまたがる日産自動車村山工場の跡地を購入したことでふたたび話題になった。工場跡地は全部で約百四十ヘクタールに及び、真如苑はそのうちのおよそ四分の三、百六ヘクタールを取得した。取得金額は七百三十九億円にのぼると言われている。

そして、二〇〇七年には、『真乗——心に仏を刻む』という本がベストセラーになった。真《しん》乗《じょう》とは、真如苑の開祖（教団では苑主）である伊藤真乗（本名は文明）のことである。この本は、教団が刊行したのではなく、発売元は中央公論新社で、駒沢大学の元学長である奈良康明を含む刊行会によって編纂されている。これは、仏師でもある真乗の作品を紹介した「伊藤真乗の目と手」展にあわせて刊行されたものだった。

新宗教のNo.3

このように、真如苑という教団は、話題性に富み、活発に活動している。沢口靖子などのことで話題になった一九八〇年代半ばには、二百万人の信者を抱えているとも言われた。しかも、広大な工場跡地を購入しているわけで、財力も相当にある。今の時代、これだけ活動的な新宗教の教団はほかにない。

ただ、信者数にかんしては、現在、公称でおよそ九十万人とされている。二百万と言ったことで、かえって危険視され、それがメディアによる批判に結びついたりした。そこで、教団では実情にあう方向で修正を施し、現在では、教団施設を訪れる人数を、磁気化された信徒カードをもとに割り出し、九十万人と称している。

九十万人という数でも、かなり多いように思えるが、私が実際に立川の真如苑を訪れた経験からは、その数字に大きな間違いはないように見受けられた。真如苑では、旧来の本部が手狭になったため、立川駅の北に応現院《おうげんいん》という新しい施設を二〇〇六年に開設した。信者たちは、さまざまなイベントや修行のためにこの応現院を訪れるのだが、平日にもかかわらず、多数の信者がそこを訪れていた。その数は一日に五千から七千人にのぼると説明されたが、それくらいの人数は十分にいた。そこから考えれば、九十万人という数字は決して誇張されたものとは言えない。

他の教団の場合には、組織として信者の数をかぞえる試みをしていない場合が多い。創価学会の場合も、本尊を一度授与された数をもとにして、八百四十七万世帯という数を発表している。しかし、そのなかにはいったんは入信したものの、その後辞めた会員も相当数含まれている。私は実際に活動している創価学会の会員は二百五十万人程度と推計している。

それと比較して、真如苑の九十万人という数はかなりのものである。実質、日本の新宗教のなかで、創価学会、立正佼成会についで第三位の教団ではないだろうか。活発に活動している会員の数では、立正佼成会を上回るかもしれない。もし現代における三大新宗教を選ぶとしたら、真如苑は外せなくなっている。

いったいなぜ真如苑はそれだけの力を蓄えてきたのだろうか。創価学会や立正佼成会の場合、この二つの教団を巨大化させる上で、高度経済成長による都市化の進行という事態が大きかった。ところが、真如苑の場合、その創立は、二つの教団と同様に戦前に遡るものの、大きく発展したのは高度経済成長の時代の後である。創価学会や立正佼成会の著しい伸びが止まった後に、真如苑は巨大教団への道を歩みはじめた。

真如苑が、高度経済成長の時代ではなく、そののちに発展したということは、それだけ今の時代に適合しているということを意味している。高度経済成長の時代に、創価学会や立正佼成会の会員になった人々は、ひたすら現世利益の実現を求めた。もちろん、真如苑にも現世利益の実現を約束する側面はある。真如苑は、信仰の系統としては真言密教系であり、京都の真言宗醍醐寺派の総本山、醍醐寺と密接な関係をもっている。真如苑で営まれる儀礼では、護摩《ごま》が焚《た》かれ、祈願が行われる。護摩を焚く目的はさまざまだが、人々はその際に日々の生活の安定と向上を望む。その点で、真如苑の信仰と現世利益は結びついている。

まるで病院のよう

ただ、実際に応現院など真如苑の施設を訪れてみると、必ずしも現世利益ということが信仰活動の中心にあるようには見えない。少なくとも、創価学会や立正佼成会などから受ける印象とは相当に異なっている。

応現院を訪れると、その大きさ、駐車場の広さにまず驚かされるが、全体の雰囲気は大学のキャンパスに近い。ただ、屋根の上に、金の相輪《そうりん》が輝いている点が宗教施設だということを示している。

一階の広いロビーに入ってみると、たくさんの信者であふれているが、両側には受付が並んでいて、それはまるで病院の受付を思わせる。一日に数千人も訪れる信者を処理するには、そうした体制が必要なのだろうが、少なくとも一般の宗教施設を訪れたときの印象とはかなり違う。信者たちは、それぞれに接心修行をするための部屋を割り振られ、そこに散っていく。

何より印象的なのは、そこに非日常的な雰囲気が漂っていない点である。一人一人の信者がどの程度の頻度で応現院を訪れるのかはわからないが、なかには遠方からやってきた人たちもいるはずである。その点で、そこは日常の場ではなく、非日常の場であるはずだが、そうした雰囲気がない。なかには、久しぶりに再会したような人たちもいるだろうが、再会に盛り上がっているような人たちもいない。

真如苑でも、地区ごとの支部による団体での参拝、「団参」が行われているようだが、少なくとも私はそうした集団を見かけなかった。それも、非日常的な雰囲気を感じなかった一つの原因かもしれない。真如苑では、信仰を導いた人間と導かれた人間の関係、いわゆる縦線は明確でも、地域の関係、横線はあまり明確ではない。集団行動が見られないことが非日常の雰囲気を生まない原因になっている。

日常的な宗教

信者たちが、応現院で体験する接心修行は、霊能者を相手にしてのもので、その場で入神した霊能者によって霊言が下されることになる。そうした説明を聞くと、厳しい修行を経てきた特別な人間がエクスタシー状態に陥り、シャーマンのようにお告げを下す場面が想像されるが、接心修行は決してそのようなものではない。

そもそも霊能者は特別な格好をしていないし、入神するのに本尊にむかって印を結び、唱え言をするだけである。教団では、誰もが霊能者になることができるとしている。霊能者が一人の信者に相対する時間も三分程度で、霊能者が発する霊言の内容も、教えを再確認したり、先祖の不幸を聞き出したり、信者の健康状態を確かめるといったものである。霊能者自身、霊からのことばを仲介しているというよりも、自らの直感にしたがってアドバイスを行っていると認識している。そして、自らの接心が終わると、信者たちはその場を去っていく。霊能者にしても、接心が終われば、入神を解き、やはりその場を退いていく。

こうした接心は、シャーマニズム的な神憑りというよりも、カウンセリングに近い。初期の教団では、激しい霊動が起こったこともあったようだが、今ではそうではない。受付の雰囲気と相まって、まさに応現院はスピリチュアルな病院なのである。

一時はたしかに、真如苑と創価学会とのあいだで、信者の獲得合戦がくり広げられていたようだ。しかし、もし創価学会で活動していた人間が、真如苑にやってきたとしたら、ひどくもの足りない思いをするのではないだろうか。創価学会では、選挙の場合に一番よくあらわれているように、組織による活動が中心になっている。活動の核にある座談会にしても、雰囲気は極端なほど明るく、信者は皆積極的である。そうした宗教に慣れた人間は、真如苑に接して、肩透かしを食ったように思うのではないだろうか。逆に、真如苑の信者であれば、創価学会員の積極的な活動についていけないと感じるはずである。

同じ新宗教とは言っても、創価学会と真如苑ではまるで違う。創価学会が性に合う人間もいれば、合わない人間もいる。逆に、創価学会とは合わないが、真如苑とは合うという人もいる。どちらでもいいという人は案外少ないのではないか。ならば、二つの教団のあいだで信者獲得合戦が起こったりするはずもない。創価学会に合わない人間が真如苑に行き、真如苑に合わない人間が創価学会に行くということはあっても、両者のあいだで迷う人間はいないように思われる。

修験としての出発

真如苑の創立者、伊藤真乗は、一九〇六（明治三十九）年、山梨県北巨摩郡秋田村（現北杜市）の農家に生まれる。伊藤の家は、「大親分」だったというから、村の名家だったのであろう。私は以前同じ山梨の山村の調査を行ったことがあるが、そこにも大親分がいた。

伊藤家には、代々易学が伝えられ、真乗の母親は天理教を信仰していたというから、宗教的な環境のなかで育ったことになる。真乗は十七歳で上京し、月島の石川島航空機に勤務するが、石川島航空機が立川に移転し立川飛行機になったため、一九三一（昭和六）年に立川に移る。

その翌年、真乗は従兄妹の内田友司《ともじ》と結婚する。この結婚は、真如苑の誕生に大きな意味をもつ。というのも、友司の伯母の玉恵（教団では玉恵の命）と祖母の内田きん（同じく宝珠院）は、ともに霊能者で、友司自身、その資質を受け継いでいたからである。

真乗は、家に伝わってきた易の『甲陽流病筮鈔《びょうぜいしょう》』にしたがって周辺の人々の相談に乗っていたが、真言宗の僧侶、大堀修弘と出会い、一九三五年末には自宅に不動尊像を祀るようになり、本名の文明を「天晴《てんせい》」に改める。易と不動信仰という組み合わせは、立正佼成会の庭野日敬の場合と似ている。

真乗は、年が明けると、妻友司とともに三十日の寒修行を行い、それをやり終えると、会社を辞め、宗教家としての活動に専念する覚悟を決める。これまで書かれたものでは、寒修行には、伯母の玉恵も参加し、修行の最終日には、友司が入神し、祖母の霊能を受け継いだとされてきたが、『真乗』で真乗の歩みをつづっている詩人の城戸朱理は、そのことにふれていない。城戸の伝記的記述では、真乗が正統的な真言修行者である点を強調しており、そのために友司の入神にふれていないのかもしれない。

立川飛行機を退職し、宗教活動に専念することになった真乗は、彼のもとに集まってきた人間たちを成田山新勝寺への参拝講、立照講に組織し、自宅で不動尊像を祀り、そこを立照閣と称した。そして五月に京都の醍醐寺に向かい、そこで得度受戒し、先達《せんだつ》に補任《ぶにん》される。先達とは、講のリーダー的存在で、山伏に近い在家の真言修行者、修験を意味する。

新宗教の開祖のなかで、真乗のように真言宗の在家修行者として宗教活動を開始した例はそれほど多くはない。小さな教団のなかにはあるかもしれないが、大きく発展した教団では、真如苑のほかに解脱会《げだつかい》があるだけである。解脱会の開祖である岡野聖憲《せいけん》も、真言宗醍醐派で修行を行い、醍醐寺でも得度している。ただし、真如苑と解脱会とのあいだに直接の関係はない。

子どもの死を乗り越えて

宗教家として独立するということは、宗教活動から上がる収入で生活しなければならないということで、それは簡単なことではなかった。真乗は、立川飛行機でエンジニアとして働いており、それなりの収入があった。写真が趣味で、高価なドイツのカメラ、ライカも所有していたというから、その暮らしのほどがわかる。

さらに、宗教家として立った真乗・友司夫妻を不幸が襲う。一九三六年六月八日に、長男の智文を失ったのだ。数えで三歳、満では一歳であった。この子どもの死は、後に大きな意味をもつ。真乗は、宗教家として病気治しなどを実践していたわけで、自らの子どもを亡くすことは、その宗教家としての能力への疑いを起こさせる可能性があった。しかも、戦後の一九五二年には、智文の死後に生まれた次男の友一も十五歳で亡くなっている。なぜ不動尊に帰依し、修行を行っているのに、子どもを失わなければならないのか。そこに大きな矛盾が生じた。

その際にもちだされたのが、「抜苦代受《ばっくだいじゅ》」の考え方だった。これは、子どもたちが人々の苦しみを代わりに引き受けるために亡くなったという考え方で、友一の告別式の際には、友一に「真導院友一本不生位《ほんぶしょうい》」の戒名が授けられ、あわせて智文に「教導院智文善童子《ちぶんぜんどうじ》」の戒名が追諡《ついし》された。子どもたちには、救済者としての役割が与えられ、教団の宗教活動のなかでも重要な役割を担うようになる。これは、天理教で、教祖である中山みきの死後、二十五年の寿命を縮めて、人々の救済にあたるという教義が確立されたのと似ている。

ただし、真如苑の教団のなかで、すぐにこの抜苦代受の考え方が確立されたわけではない。当初は「身代わり」といったその萌芽となる表現が使われていただけである。

真乗は、子どもの死を乗り越え、宗教活動を継続し、講員も二百名ほどに増えていった。醍醐寺で修行を続け、恵印灌頂《えいんかんじょう》や伝法灌頂《でんぽうかんじょう》を受け、真乗の名も与えられる。これで真乗は大阿闍梨《あじゃり》になったとされている。

この阿闍梨、大阿闍梨という呼称は誤解を生みやすい。真言宗では、出家して修行を重ね、高位についた僧に阿闍梨の名が与えられるが、在家の修行者、修験系の行者にもこの名が与えられる。それは、天台宗でも同様で、有名な千日回峰行《せんにちかいほうぎょう》を果たした行者は大阿闍梨と呼ばれる。つまり、修験系の山伏で修行を重ね、その一番上の位についた人間が阿闍梨、大阿闍梨と呼ばれるわけである。なかには、ほぼ自称に近いものもあり、そうした街の拝み屋程度にすぎない人間がテレビで大阿闍梨として紹介されることもある。真乗の場合には、醍醐寺で修行を重ねたことは間違いない。

真言宗からの独立

一九三八年に真乗は、立川の諏訪神社に近い土地を借り、真言宗醍醐派立川不動尊分教会を設立する。それは、後に真澄寺《しんちょうじ》と呼ばれるようになり、現在でも保存されているが、まさにそれは街のなかの小さな寺であった。真乗は、そこで毎日護摩を焚き、加持祈禱を行っていた。既成仏教の傘下にあったため、弾圧や取り締まりを受けることはなかったが、逆に大きく発展することもなかった。

戦前から戦後まもなくにかけて宗教家として活躍した真乗の姿を写した写真が残されているが、基本的に彼は山伏の格好をしている。それ以降になると、むしろ背広姿の方が多くなる。法衣をまとっているのは、醍醐寺で導師をつとめたときだけで、袈裟をかけるにしても、背広の上から肩のところだけの袈裟をかけているだけである。

もし真乗が山伏姿で布教を続けていたとしたら、今日の真如苑の発展はなかったであろう。既成仏教の傘下にあっては、独自な活動を展開する上で限界がある。戦後すぐに、真乗は真言宗の傘下を離れ独立を果たす。戦後、宗教法人令が公布されると、醍醐寺は、真言宗醍醐派として独立したが、立川不動尊分教会はそこに所属せず、真乗は、教会を真澄寺と改称し、真如苑の前身である「まこと教団」を設立する。

真乗と友司は、まこと教団を立ちあげる前、一九四六年の暮れから、今日の接心修行の原型となる「まことと基礎行」を開始した。これは、霊の降臨をともなうもので、真言系の修行にもとづくものではなく、むしろ霊能者であった友司の伯母や祖母が実践していた方法に近いものであった。こうした霊感修行を実践すれば、真言宗の教義からは逸脱する。その点で、まこと教団としての真言宗からの独立は不可避なことであった。こうした修行を取り入れることで、まことと教団、のちの真如苑は新宗教として発展していくことになる。

ところが、修行中にリンチを行ったとして真乗は幹部の一人から告発され、逮捕されるという事件が起こる。教団は現在でも無実を主張しているが、真乗には執行猶予付きの有罪判決が下った。これは、「まこと教団リンチ事件」として大きく報じられ、教団は大きな打撃を受け、離反する信者も少なくなかった。

これは一九五〇年のことで、さらに五二年には次男の友一が亡くなる。悪化した教団のイメージをアップさせるため、真乗は五三年に教団名を真如苑に改める。そして、真乗は、次男の死を契機にして、『涅槃経（大般涅槃経）』と出会うことになる。

仏師への道

新宗教のなかには、創価学会や霊友会・立正佼成会系教団のように、『法華経』を所与の経典としているところは少なくない。ところが、『涅槃経』を重視している教団は、真如苑以外にはない。しかも、真如苑の場合には、真言宗の系譜に属するわけで、『大日経』や『理趣経』を所与の経典とするならわかるが、『涅槃経』に行き着く必然性はない。

『涅槃経』には、「常楽我浄《じょうらくがじょう》」ということばがあり、涅槃は、絶対的な境地が永遠に続くものとしてとらえられている。それは、死をすべての終わりではなく、宗教的に意味づけることにつながっている。自分の後継者とも考えていた息子を亡くした真乗は、『涅槃経』の教えに強く引かれたのである。

さらに、『涅槃経』には、「一切衆生悉有仏性《いっさいしゅじょうしつうぶっしょう》」ということばがあり、生きとし生けるものはすべて仏としての本性を宿しているという教えが示されている。これは、とくに日本の仏教的伝統のなかで重視された考え方だが、アニミズムに通じるもので、霊的な信仰に傾いていった真如苑の教義を支える役割を果たしていくことになる。

そして真乗は、一九五七年から仏像を制作する活動に入る。最初に制作したのは、大きな涅槃像であった。涅槃像は、釈迦が入滅したときの姿を象ったもので、釈迦は右手を手枕にして伏せっている。真乗が制作した涅槃像は、およそ四・八メートルの大きさがあるが、それは仏像の基準とされる丈六の仏であった。

新宗教の教祖のなかには、大本の出口王仁三郎やＰＬ教団の御木徳近のように、自ら芸術作品を制作した者もいる。しかし、仏像を制作した教祖はめずらしい。しかも真乗は、大涅槃像の制作をはじめた頃から、それまで剃髪していたのをやめ、出家者ではなく、俗人の格好をするようになる。山伏姿でなくなるのもそのためである。

世直しなき新宗教

まこと教団事件の後は、友司が苑主《えんしゅ》として中心になり、真乗は教主として一歩退いた形になったが、真如苑が徐々にではあるけれど、その勢力を拡大するのはその時代においてである。真如苑は、創価学会などとは異なりある時期に爆発的に伸びたわけではない。けれども着実にその勢力を拡大していった。

一九六七年、友司が亡くなる。友司の死後、真乗が後妻を迎えようとして、娘たちと対立し、長女や次女が離反するという出来事も起こるが、やがて友司は「霊祖」、あるいは「摂受心院《しょうじゅしんいん》」と位置づけられ、霊界において救済を司る存在としてとらえられるようになっていく。これは、早世し、両童子として信仰の対象となってきた二人の息子が負っていた役割を引き継ぐものであった。真乗の方は八十三歳まで生き、一九八九年に亡くなっている。後を継いだのは、真乗・友司夫妻の三女、真聰《しんそう》であった。

真如苑の一つの特徴は、真乗とその家族が果たす役割の大きさである。教団が親から子へと受け継がれる例はいくらでも見られるが、これほど教祖の家族がクローズアップされる例はめずらしい。しかも、彼らは亡くなってからも霊界において重要な役割を果たしている。ただ、あまりに伊藤家の家族に関心が集中することで、集団として閉じた印象を与えている。

さらに重要な特徴は、真如苑には、世直し的な側面がいっさい見られない点である。一般に、新宗教が勢力を拡大するのは、社会が危機に陥ったり、不安定化している時期である。新宗教は、社会の問題点を批判し、このままの状況が続けば決定的な危機が訪れることを強調し、世界の根本的な刷新が起こるという予言を行うことで、信者を集めていく。それが基本的なパターンだが、真如苑にはそうした面はまったく見られない。世界救世教系の教団のように、地上天国の実現を説くわけでもない。

応現院が、まるで病院や大学のキャンパスのような印象を与え、非日常性が欠けているのも、それと関連する。教団は将来の危機を予言したりしないので、信者が熱狂したりすることはないのである。

それは、教団の安定に寄与している。教団が終末を予言し、それで信者を集めたとしたら、必ずその予言が外れるときを経験しなければならない。それは教団にとって根本的な危機であり、予言が外れたことに失望した信者は教団を去っていくことになる。あるいは、終末への危機意識が強くなりすぎると、一部の信者が暴走し、社会問題を起こすこともある。そうしたことは、真如苑では起こりようがない。

ただ、世直し的な側面をいっさい強調しないということは、教団の活動の目標を立てにくくしている。真如苑の信者は着実に増えているかもしれないが、それでどうするのか。将来に対する明確な目標はない。信者を増やすことの意味づけも難しい。応現院が完成するまでは、その建設を目標にできたが、それも達成されてしまった。

目標の不明確さは、新たに取得した武蔵村山の土地の計画にもっともよく示されている。応現院の土地は、立川飛行機からの借地で、真如苑のものではない。その点で、武蔵村山の日産工場跡地に新たな拠点を設けることに意味がないわけではない。

だが、その土地は、必ずしも交通の便はよくない。将来においてそれが改善される見通しもない。応現院をそこに移すことに、それほどのメリットはない。したがって、武蔵村山の土地をどのように活用するか、明確なプランは立っていない。たんにそれが公園に近い緑地となっていく可能性もある。いったん緑地として開発されれば、それを潰して、宗教施設を建てることは難しくなってくる。少なくとも、周辺住民が反対することは間違いない。

武蔵村山の土地に行ってみると、最初はそのあまりの広大さに驚かされる。しかし、逆にあまりに広大すぎて、しだいに茫漠たる思いにかられてくる。真如苑は、何のためにこの土地を取得したのか。その疑問は、いったい真如苑は宗教団体としてどういったことを実現しようとしているのかという問いに発展していく。

真如苑は、決して危機にあるわけではない。むしろ、これからも発展していく可能性がある。そのスタイルが、現代に適合的だからである。しかし、そのあまりに日常的な光景は、かえって不安を生み出していく。教団全体がそのまっとうさに、どこかで飽きてしまうのではないか。日常の退屈さをいかにしのぐかが、現代の人間の根本的な問題である。極めて現代的な真如苑という教団は、退屈さをしのぐ機会は与えてくれそうにはないのである。

10―GLA

（ジー・エル・エー総合本部）

現在進行形への関心

現代におけるテレビ・メディアの特徴は、現在進行形の出来事に対する強い関心にある。今まさに事態が進行していて、結末がどのように着くかわからない事柄に対して、テレビ・メディアは集中的にそれを取り上げていく。そして、いったん決着がついてしまえば、即座に関心を失っていく。中継技術が発達し、現場中継が簡単になってから、幾度となくそうしたことがくり返されてきた。

そこに今日のテレビ・メディアの最大の問題点が示されているとも言えるが、テレビ局の人間もそれに逆らうことはできない。これはくだらない、報道するに値しないことだとわかっていても、結末が見えないあいだは、放送しないわけにはいかないのだ。

二〇〇三（平成十五）年のゴールデンウィーク前後に起こった「白装束騒動」は、まさにその典型だった。この騒動については、「はじめに」でもふれたが、そのキャラバン隊が移動を続けているあいだ、テレビはその模様を追い続けた。私はそのさなか、あるテレビ局へ出掛け、彼らが出している機関誌に目を通させてもらったが、白装束集団を追っているテレビ局の人間たちは、一様にうんざりしていた。しかし、決着がつかず、視聴者の関心が衰えないあいだは、放送をやめるわけにはいかなかったのである。

この時期、白装束集団に強い関心がむけられたのは、まさに彼らが現在進行形の出来事を引き起こしていたからである。そして、その集団のリーダーである千乃裕子《ちのゆうこ》にも関心がむけられた。自ら末期ガンだと言い、表に出てこないことも、彼女の神秘性を高める方向に作用した。

その際に、千乃がGLA（ジー・エル・エー総合本部）という宗教団体の元信者で、その団体の教祖である高橋信次《たかはししんじ》が亡くなったときには、後継者争いに敗れ、それで千乃正法会という団体を設立したとも言われた。千乃の著作に目を通してみると、彼女が描く天上界では、エル・ランティーと呼ばれる神のもと、モーゼ、イエス、ブッダとならんで、高橋が聖人としてのあつかいを受けていた。しかし、GLAの側は彼女がGLAの信者であったことさえ否定している。

ある人間が、特定の宗教団体の信者であったかどうか、外部の人間がそれを確認することは事実上不可能である。しかし、この場合には、GLA側が言うように、千乃は信者でもなければ、後継者争いにかかわったこともなかったと考えていいだろう。

ファンの多い教祖

ただ、不思議なことに、高橋の場合には、GLAの教団の外側に、その熱心な信奉者がいて、高橋は死後にその人物の前に出現し、メッセージを残したりしている。

たとえば、『経済界』という雑誌を刊行してきた佐藤正忠は、高橋とはその生前に付き合いがあったが、高橋の死後十六年目に、『奇跡の復活　高橋信次』という本を刊行している。これは、高橋が佐藤の前に出現し、生前に自分が語っていたことには間違いがあるとし、その正しいメッセージを記録したものだとされている。

同種のものとしては、一時幸福の科学が刊行していた高橋の霊言集がある。その数は十六冊にも及ぶが、生前の高橋を知る人々からは激しい反発を受けた。千乃も、機関誌で二回にわたり、幸福の科学批判を展開している。現在では、幸福の科学から高橋の霊言集は刊行されていない。

GLAの信者数はそれほど多くはない。高橋が存命中、十万人と言われたこともあるが、それ以降示される数字は、次第に減少しており、二〇〇六年の時点では、公称で二万六千人である。おそらくGLAは、これまで取り上げてきた教団のなかで、信者数としてはもっとも少ない部類に属するであろう。だが、高橋の影響は、教団の外にも及んでいる。分派もそれぞれ小規模だが、高橋個人を宗教家として高く評価する人たちは少なくない。今も熱心な高橋ファンは少なからず存在する。

経営者としての側面

もう一つ、GLAに特徴的なことは、高橋が生涯にわたって専門の宗教家にはならなかった点である。

高橋は生前、町工場の経営者であった。その町工場は、現在、高電工業株式会社として存続している。コンピュータ関係のソフトウェアや制御装置の開発、設計、製造、販売を行っており、とくに医療の分野に進出している。工場は、東京の大森と長野の佐久に全部で三つある。佐久は高橋の出身地でもある。社員は全部で百名弱である。

真如苑の伊藤真乗は、立川飛行機のエンジニアであり、その点で、仕事は高橋と近かった。しかし、真乗の場合には、宗教活動に専念するため、初期の段階で仕事を辞めている。けれども、高橋の場合には、ずっと仕事を続け、現在の会社の社長は妻の一栄である。あるいは、宗教活動とは別に仕事をもっていたことが、GLAの信者数がそれほど増えなかった原因かもしれない。高橋としては、宗教活動から利益を得る必要がなかったのである。

教団の名称にアルファベットが使われているのは、PL教団の場合と同じである。興味深いのは、どちらもコンピュータとかかわりが深い点で、そうしたことが教団の名称を伝統的なものではなく、現代的なものにしている要因になっている。実際、GLAの宗教としての中身も、相当に現代的である。

高橋信次は、本名を春雄といい、一九二七（昭和二）年に長野県佐久の農家に生まれた。本人は貧農だったと語っているが、決して最下層ではなかったと思われる。兄弟は多く、十人いて、高橋はその真ん中で次男であった。十歳のときに原因不明の病で生死の境をさまよい、その際に、臨死体験をしたとされる。それが、高橋が宗教の世界に関心をもつ原因になったという。

戦争中は航空兵として各地を転戦したとも言われるが、実際に航空兵になったのか、それとも航空兵を志望しただけなのかは不明である。戦後は、日大工学部の電気学科に学んだものの、卒論が宗教がかったもので、それで卒業がかなわなかったと伝えられているが、通常、工学部では大部の卒論を書かせないので、この話も怪しい。一九五〇年、二十三歳の時に、ラジオや電蓄の組み立てを行う小さな町工場を、東京の大田区池上に作った。これがのちに高電工業の設立に結びつくわけで、この話は事実だろう。五四年には、一栄と結婚している。

GLAを生んだ宗教的な環境

GLAの宗教団体としての展開を考える上で、高橋が活動していた場所の影響は無視できない。

池上といえば、それは、日蓮宗の総本山である池上本門寺がある地域であり、伝統的に日蓮信仰、法華信仰が盛んな地域である。高橋が池上にいた時代に、そうした信仰とどういったかかわりをもったかは不明だが、彼は二度ほど事業に失敗した後、一九六四年に高電工業を立ち上げるときには、その場所に同じ大田区の大森を選んでいる。

大森は、創価学会の池田大作名誉会長が生まれた地域で、創価学会の活動が一番盛んな地域の一つである。戦前には、「死のう、死のう」と叫びながら割腹自殺した「死のう団」の根拠地でもあり、伝統的に日蓮信仰が盛んな場所であった。死のう団の正式な名称は、日蓮会殉《じゅん》教衆《きょうしゅう》青年党と言った。しかも、かなり過激な信仰が盛んであった。高橋が大森に移った一九六四年といえば、創価学会の伸びが最高潮に達していた時代だった。

ほかに九人いた高橋の兄弟姉妹の多くは、創価学会の会員になっていた。きっかけは、一九五〇年代のなかごろに、高橋の義兄が腎臓結核となり、片方の腎臓を摘出しなければならなかったことにある。高橋の姉とその義兄の夫婦は、創価学会に救われたと考え、入信した。高橋が言うには、姉夫婦の折伏は狂信的で、その結果、兄弟姉妹の多くが創価学会に入信したという。

高橋自身は、創価学会に入信はしなかったが、姉などに折伏されたことで、仏教についての認識を深めていった。高橋は、大宇宙の法則を、「正法」という言葉でとらえているが、正法という言葉は、創価学会のなかで頻繁に用いられている。

正法は仏教の一般的な用語で、創価学会の専売特許ではない。ただ、一般には、「しょうぼう」と濁って読むのに対して、創価学会では「しょうほう」と濁らずに読む。GLAでは、やはり「しょうほう」と読み、その影響を受けた千乃裕子の「千乃正法」の場合にも、「ちのしょうほう」と濁らずに読んでいる。

霊と奇跡

そうした創価学会とのつながりはあるものの、教えの中身ということでは、根本的な違いがあった。創価学会の場合には、霊的な現象に対する関心は希薄で、一般の新宗教で言われる先祖の霊といった側面はまったく見られない。GLAの場合には、むしろ霊的な現象への関心を特徴としており、そこに創価学会との決定的な違いがあった。

妻一栄が言うところでは、高橋は、結婚する以前から神の話ばかりしていたという。そして、結婚を申し込む際には、事業が一度ダメになることと、四十八歳から先のことは責任がもてないが、それでもよければ、婚約してくれと言われたという。四十八歳とは、高橋の享年である。

新婚時代から、高橋は一栄に、蠟燭《ろうそく》で紙に願い事をあぶり出したり、手のなかから石を出したりといった奇跡を起こしていたというが、高橋が本格的に宗教活動に乗りだし、立教するのは、高電工業を立ちあげてから四年が経った一九六八年のことだった。

その年の二月八日午前一時、蠟燭を点じて禅定に入った高橋の前で、蠟燭の炎が三倍近くまで高くなり、その先が二つに割れて蓮の華のようになった。

さらに、彼の前に、十四代前の先祖があらわれ、信州新野の千石平で武田信玄勢によって殺されたときのことを語り出した。

そして、同年七月六日には、高橋の義弟に紀元前千三百年、エジプトで生まれた「ワン・ツー・スリー」という霊が下って、人間のあり方について教えられた。また、高橋の守護霊が、四世紀ごろの中国にいた「フワン・シン・フワイ・シンフォー」であることを教えられる。ほかにも、そうした不思議な現象が次々と起こった。

普通、新宗教で霊と言えば、先祖の霊が基本である。高橋にも先祖の霊が降りてはいるが、それよりも重要な働きをしたのが、古代エジプトや中国の霊である。こうした霊が下ることは、新宗教ではめずらしい。そこに、GLAの新しさがあった。

GLAの発足

高橋のもとには、そうした話を聞いて、霊現象に関心をもつ人間たちが集まるようになった。高橋は、集まってきた人々に対して、人間のこころのあり方、あの世の仕組み、そして輪廻転生について語っていった。ただし、なんといってもGLAの特徴は、実際に高橋や会員たちに霊が下り、古代のことばで霊言を語ることにあった。たとえば、高橋に下った松下幸之助の霊は、イエス・キリストの弟子ルカの生まれ変わりであると言い出した。霊言は、古代インド語やイスラエル語、エジプト語、さらには海底に沈んだとされる失われた大陸、アトランティスのことばでなされたという。

この年の十一月からは、「土曜会」という会がもたれることとなった。そして、土曜会からは、組織を作ろうとする動きが生まれ、明けて一九六九年四月八日の釈迦の誕生日に、「大宇宙神光会」が発足し、高橋の講演会が行われた。そして、翌一九七〇年十二月七日に、会の名は、現在のGLAに改められている。GLAとは、"God Light Association" の略称である。その後、一九七三年には、宗教法人の認証を受けている。

このように、古代の人間の霊が下り、霊言を話すような教団はそれまで存在しなかった。しかし、こうした霊的な現象いわゆるオカルト現象に対して関心をもつような人間たちは少なからず存在した。一九六〇年代には、怪奇現象をドラマ化したアメリカの『ミステリー・ゾーン』(原題は『トワイライト・ゾーン』)や、日本製の『ウルトラQ』などが放送され、オカルト的なものへの関心を煽った。GLAは、そうした社会の風潮に合致したのである。

高橋は、GLAが宗教法人になる以前、一九七一年から、東大阪にあった宗教団体、瑞法会《ずいほうかい》で講演をするようになっていたが、この瑞法会は、霊友会から独立した教団だった。瑞法会は、教団ごとGLAに帰依するようになり、まるごとGLAの関西本部となった(高橋の死後、独立し、高橋の教えをもとにしながら独自に活動している)。瑞法会には数千人の会員がいたものと思われるが、ほかにも東京の小金井にあったキリスト教の教会が、宣教師と建物ごとGLAに移ってしまったこともあった。

「ビバ・ミカエル」

このように、新宗教の教団として、教勢を伸ばしていったGLAではあるが、発足して六年にして、高橋の健康は悪化し、一九七六年六月二十五日に亡くなっている。彼の宗教家としての活動歴は、十年にも満たなかった。この時点で、GLAの信者数は九千人弱だった。

高橋が亡くなると、事業の方は、すでに述べたように、妻一栄が継いだ。そして、GLAの方は、当時日大の哲学科で学んでいた娘の佳子が跡を継ぐこととなった。彼女のブレーンとなったのが、SF作家の平井和正で、彼の『幻魔大戦』に登場する「GENKEN」は、高橋佳子とGLAをモデルにしていると言われている。しかも、佳子の名で出された『真創世記』のシリーズは、後に平井が、自分が書いたものだと告白した。

ただ、高橋から佳子への継承は、会員の間に波紋を呼んだ。

後継者となった佳子は、「ミカエル・ボーイズ・アンド・ガールズ」という親衛隊を作り、彼女が登場すると、親衛隊は、「ビバ・ミカエル」と叫び、肩を組んで歌を唄ったりした。それはまるで、アイドルを取り巻く熱狂的なファンといったおもむきだった。これは、従来のGLAのスタイルとは相当に異なるものだった。

しかも、佳子自身が、「父、高橋信次の教えは無意味である」などと発言したことから、古くからの会員の反発をまねき、GLAを去って、別の団体を作るという動きが生まれた。園頭広周の国際正法協会や堀田和成の偕和会《かいわかい》などが分裂した。ただし、GLAという母体自体規模が小さかったこともあり、こうした分派は発展せず、国際正法協会は、園頭の死後、解散している。

脱新宗教

その後、GLA本体の方は、アイドル路線を脱し、活動はより現実的なものになっている。佳子は、「TL（トータルライフ）人間学」を提唱し、その領域は経営、医療、教育に広がっている。具体的な活動としては、講演会の開催や、地域における小規模な研鑽の実践を行っている。六十歳以上の人間を対象とした「豊心大学」のような試みも生まれている。

佳子は講演会で講演を行うとともに、地域の研鑽の場をまわり、会員の指導を行っている。講演会は集団的なカウンセリングに近いもので、佳子は、一人の参加者の人生の歩みを分析し、その方向性に対して示唆を与えていく。GLAらしさが出るのは、佳子が亡くなった人間の霊を呼び出し、その霊のメッセージを伝える場面である。しかしそれは、かつてのように神憑りして霊言を語るといったものではない。それは、テレビの人気番組『オーラの泉』で、スピリチュアル・カウンセラーを称する江原啓之《えはらひろゆき》が、霊界からのメッセージを伝えるのに似ている。

こうしたGLAの講演会は、洗練されていて、宗教というイメージからはむしろ遠い。佳子にしても、ビシッとスーツを着こなし、新宗教の教祖というよりも、有能な女性経営者という雰囲気に近い。そもそも、GLAでは、神や仏といった存在は表に出てこないし、そのスローガンは、「私が変わる。世界が変わる」で、精神世界の運動全般に通じている。佳子は、死を間近にした会員やその家族のケアなども行っており、その点でも、現代において宗教に求められる役割を忠実に果たしているとも言える。

ただ、活動が現実的である分、教団は大きくは伸びていない。信者の数も二万人台で、大規模な宗教施設も建設していない。総合本部は、浅草の雷門の近くにあるが、普通のビルで、通行人も言われなければそこが宗教団体の本部だとは気づかない。

GLAは、新宗教のなかでもっとも現代的な形態をとっていると言える。高橋から娘の佳子に継承されることで、土俗的、土着的な要素が払拭され、宗教団体というよりも、大規模な精神世界の運動にその姿を変えてきた。宗教運動としてとらえるよりも、スピリチュアルな運動のなかに含めて考えた方が、理解しやすいかもしれない。

しかも、GLAには、真如苑の場合と同様に、世直し的な側面は見られない。開祖である高橋の考え自体に、その傾向はあった。GLAが、これまで社会的な問題や事件を起こしてこなかったのも、世の終わりが近づいていることを説き、急激に信者を増やすことがなかったからである。その点でも、GLAから千乃正法のような集団は生まれない。

現在のGLAの活動は、ひどくまっとうであり、問題にすべきところもほとんどない。これからの新宗教が進んでいくべき道を示しているとも言える。しかしそれは、現代社会に対する批判性を失っているからだとも言える。批判性を失い、日常化した新宗教が、どこまで信者の関心をつなぎとめておけるのか。それは、GLAだけの問題ではなく、新宗教全般にあてはまる課題である。

おわりに

言及できなかった新宗教

この本の企画が持ち上がってから、正直、私は随分と迷った。十個の新宗教教団を選ぶにはどうしたらいいのか。いくつかの案が浮かび、決めがたかったからである。半年は悩んだ。

したがって、取り上げようとして、落としてしまった新宗教がいくつかある。そのなかで代表的なものが、金光教、善隣教《ぜんりんきょう》、そして阿含宗《あごんしゅう》である。十を選ぶ基準を変えれば、この三つの教団が入ってくることは十分にあり得た。

金光教は、すでに述べたように、天理教と同様、幕末維新期に生まれた新宗教で、戦前は教派神道の一派として公認されていた。穏健な教団で、弾圧を受けたり、事件を起こしたりしたことがない。PL教団のところで述べたように、最近、金光大阪という系列の高校が甲子園に出場して話題になった程度である。

善隣教は、元は善隣会を名乗っていて、戦後、修験系の修行を行った力久辰斎《りきひさたつさい》が起こした教団である。教えとしては一般的な道徳を説いているが、特徴的なのは、その講習会で、辰斎の後を継いだ息子の隆積におすがりをする場面がある。教主である隆積にすがることで、病気などが治るとされ、その場で、治癒の効果を講習会の参加者に告白させる。その模様は、一度、NHKのドキュメンタリー番組で放送されたことがある。

阿含宗は、桐山靖雄が戦後に起こした教団で、元は観音慈恵会と称していた。当初の会の名前が示すように、PL教団と同様、観音信仰、ないしは法華経信仰（観音経は法華経の一部を構成する）から出発した。ところが桐山は、近代の仏教学の研究の影響を受け、釈迦の直接の教えを含むとされる阿含経への関心を深め、阿含密教といった特異な仏教信仰を確立していった。教団の名物行事である「星祭り」に見られるように、修験系の色彩が濃い。

阿含宗では、系列の平河出版社から、密教をはじめとする仏教や道教、ヨーガ、神秘学関係の書物を多数刊行しており、その面で精神世界の運動に影響を与えてきた。オウム真理教の麻原彰晃は、一時阿含宗の信者であったとされ、その影響を受けているが、教団は麻原が信者であったことを否定している。

新宗教の系統

この他にも、新宗教の教団はいくつも存在している。どの教団を新宗教としてとらえるかは難しく、既成の宗教教団と区別ができない教団も存在している。ちなみに、松野純孝編『新宗教辞典』では、およそ二百の新宗教が取り上げられ、井上順孝ほか編『新宗教事典』では三百の教団が取り上げられている。主な新宗教は数百と考えていいだろう。

「はじめに」でも述べたように、またここまで述べてきたことから明らかなように、新宗教では分派や分裂が多い。したがって、十の項目のなかでは、同じ系列に属する教団を一括してあつかった場合もいくつかあった。とくに大本の影響は大きく、生長の家や世界救世教からはじまって、神慈秀明会《しんじしゅうめいかい》、世界真光《まひかり》文明教団、崇教真光《すうきょうまひかり》に及んでいく。璽《じ》宇の場合も、一部大本の影響がある。天理教の分派も数が多いが、ほんみちを除けば、教団として特徴的なものは少ない。

大本や天理教の系統の教団は、天理教の場合に明らかなように、仏教の影響を受けていることもあるが、基本的に神道系である。これに対して、仏教系の場合には、立正佼成会を含む霊友会系や創価学会のように日蓮信仰、法華信仰を核としているものが中心である。観音信仰から出発したＰＬ教団や阿含宗も、広い意味では法華信仰の流れのなかにあると言える。世界救世教にも、観音信仰は入っている。真如苑の場合は、不動信仰を核とした修験系、真言系として出発しているが、ほかにも、修験の影響を受けている新宗教は少なくない。

創価学会の特殊性

日本の宗教は、全般的に神道と仏教、あるいはそこに道教や儒教がまじりあった神仏混交、神仏習合を特徴としており、新宗教の教団もその点では変わらない。そのなかで、どういった要素を強調するかで、教団のあり方が変化してくるわけだが、現世利益の実現を中心とした素朴な信仰が特徴で、さらには祖先崇拝的な要素が含まれていることが多い。

ただ、創価学会の場合には、教育団体としてはじまったという特殊な出発の仕方も影響し、修験や霊的な信仰、祖先崇拝の要素が欠けているところにもっとも大きな特徴がある。信者の数としては創価学会が、新宗教のなかでもっとも多く、その社会的な影響力も群を抜いているが、他の新宗教と信仰内容を異にしている点は注目される。

創価学会が長く外護してきた日蓮正宗の信仰には、深夜に祈禱を行う丑寅の勤行や日蓮の遺骨を「お肉牙《にくげ》」として崇拝するなど、秘儀的な要素が見られるが、日蓮正宗と決別した創価学会の信仰にはそうした面は見られない。その意味で、創価学会の信仰は、合理性を特徴としている。だからこそ戦後の社会風潮に合致し、それで巨大教団に発展することができたと見ることもできる。

新宗教とカルト問題

ほかに取り上げなかったものとしては、キリスト教系の新宗教がある。新宗教の教団について紹介した大蔵出版の『新宗教時代』全五巻では、その第四巻で、キリスト教系の新宗教をあつかい、そこでは、エホバの証人、モルモン教、世界基督教統一神霊協会《せかいキリストきょうとういつしんれいきょうかい》（統一教会）、イエス之《の》御《み》霊《たま》教会教団、サイエントロジー教会が取り上げられている。

ただ、こうした教団のなかには、社会的な問題を起こし、その問題が未だに解決されていない教団もあり、評価が難しいので取り上げなかった。エホバの証人や統一教会を取り上げれば、どうしても新宗教なのか、カルトなのかを問題にしなければならなくなってくる。

新宗教とカルトとの関係は、非常に難しい問題を提起している。社会的な問題を起こす新宗教がカルトとして批判の対象となることが多いが、カルトとは何か、どの教団がカルトにあたるのかを学問的に定義することは難しい。あらゆる宗教が、当初の段階ではカルトとしてその活動をはじめると言うこともできるし、カルトという区分などそもそも存在しないという考え方もある。

ただ、ある新宗教がカルトとして糾弾されるのは、その教団が、世直しの思想や終末論を強調したときだということは言える。世直しの思想や終末論は、新宗教がその勢力を拡大する際の最大の武器である。この世界に終わりが近づいていて、世直しの必要があると説くことで危機感を煽り、世の終わりへのカウントダウンがはじまっていると期間を限定することで、信者を熱狂させるとともに、新しい信者を呼び寄せていく。今信者にならなければ救われないと説き、入信を促すのである。

そうした手段をとれば、信者を急速に拡大することができる。しかし、危機感を煽ることは、信者に過激な布教方法をとらせることにつながり、社会問題を引き起こしやすい。あらゆる手段が正当化され、違法な手段が奨励される。そして、仕事を辞めたり、学校をやめて入信してくる人間も出て、家族などと軋轢を生む。しかも、終末が近づいているという予言は必ず外れるわけで、失望感や教団に対する不信感を生むことにもつながる。

新宗教の成熟

もう一つ、新宗教が問題を起こすのは、積極的な金集めを行ったときである。新宗教の大きな特徴としては、巨大建築物を建てようとするところにある。なかには、高名な建築家に設計を依頼した近代建築の粋を集めたような建築物も少なくなく、建築史の観点から注目されるものもあるが、そうした建築物を作るには多額の費用を必要とする。それは、信者からの献金によって賄われるわけで、ときに強引な金集めが行われることがある。

教団の側が強引な手段に出なくても、信者の側は、献金の額の多さと信仰の強さを結びつけ、多額の献金をすることを信仰の証としてとらえる。逆に、献金の額が少ないことは、信仰に熱心ではない証拠としてとらえられ、批判の対象にされていく。なかには、相当に無理をして献金をする人間も出てきて、やはりそれが家族との対立や軋轢に結びつくことがある。

献金の額を増やすために、新たに信者を獲得する方向にむかい、その際に、洗脳やマインドコントロールの手法が活用されることがある。そうなると、社会からはカルトとして批判の対象になり、メディアからの批判を受けることになる。

新宗教とカルトとを明確に区別することは難しいものの、その教団が過度に終末論を強調し、世の終わりが近いという予言をもとに信者を集めていたり、多額の献金を集めている場合には、反社会的な行動に出る危険性が高まっていると考えることができる。そうした点を指標として、教団の社会性、あるいは反社会性を評価することはできるだろう。

信者数を増やしてきたような新宗教、つまり本書で取り上げてきたような教団は、その過程で、弾圧や取り締まりを受けている場合が多い。教勢の拡大に勢いがついている時代には、とくに問題を起こしたり、社会から警戒されたりしやすい。そして、弾圧や取り締まりを経験することで、自分たちの教団のあり方にも反省を加え、社会性のある行動をとるように変化していくのが普通である。そこに新宗教の成熟の過程を見ることができる。逆に、成熟を拒めば、いつまでもカルトとしての批判を免れることができない。

オウム事件以降

新宗教の反社会性がもっとも極端な形であらわれたのが、オウム真理教の場合である。オウム真理教については、すでに『オウム　なぜ宗教はテロリズムを生んだのか』や『オウムと9・11』で詳しく論じたので、ここでは述べない。ただ、サリンという化学兵器を使ってのテロを試みたオウム真理教の場合には、新宗教の枠を超え、さらにはカルトの範疇《はんちゅう》を超えてしまったとも言える。オウム真理教の問題は、現代における国際的なテロリズムのあらわれとして論じなければならないだろう。

オウム真理教の問題が起こったことで、新宗教は危険だというイメージが広まり、社会は新宗教の教団を警戒するようになった。宗教法人法のあり方についても議論が起こり、法律は一部改正された。学問の世界でも、一時盛んだった新宗教研究は衰退し、むしろ教団の形をとらない精神世界の運動、スピリチュアリズムの研究に移行している。

そうした社会状況のなかで、新宗教自体も、それほど活発な動きを示していない。宗教ブームと言われた頃のように、メディアが取り上げるほど目立った活動を展開している教団も存在しない。最近では、格差社会ということが言われ、社会に新たな貧困層が生み出されていると指摘されているが、新宗教がそうした人間たちを信者として取り込むようにはなっていない。

経済が拡大し、その恩恵が社会全体にいきわたっていれば、新宗教は貧困層の勤労意欲を高め、生活を律することで、彼らを貧困から脱却させることができる。だが、今日の状況ではそれは難しい。したがって、日本の新宗教は、むしろ経済発展が続く海外の諸国でその勢力を拡大している。日本では衰退しつつある教団でも、海外ではめざましい発展をとげている例がある。それも、海外の諸国では、日本で新宗教を爆発的に拡大させた高度経済成長と同じことが起こっているからである。

新宗教のこれから

新宗教がその勢力を拡大するのは、社会が混乱した状況や過渡期にあるときで、とくに経済発展が著しいときに伸びていく。その点で、現在の状況は、新宗教が活況を呈するものにはなっていない。高度経済成長の時代に勢力を拡大した教団も、信仰をいかに下の世代に継承していくかで苦労している。創価学会のように、広範な人間関係のネットワークを作り上げ、子どもたちもそのなかで成長していくという環境が作られれば、信仰をそのまま受け継いでいくが、多くの教団はそこまでのネットワークを作り上げてはいない。

現在、その勢力を拡大しているのは、真如苑のように、比較的穏健で、癒しを与えてくれる上に、集団行動をあまり要求しないような教団である。あるいは、現在でも終末論を説き、強引な布教活動で問題を引き起こしている顕正会《けんしょうかい》の場合には、創価学会を批判して、国立戒壇の建立を主張しているが、伸びている地域は首都圏の周辺に限定され、主に高校生などの若い層をターゲットにしている。ただ、顕正会の場合にも、集団的なエネルギーの爆発のようなものは見られない。むしろ、行き場を失い、将来に対する展望が開けない若者たちが、逃げ場を見出しているという感覚が強い。

そうした点で、現代は必ずしも新宗教の時代とは言えないのかもしれない。しかし、宗教というものは不思議なもので、いつ活力を取り戻さないともかぎらない。その典型的な例がイスラム教の場合である。イスラム教は、長い間、経済的な後進地域に広がった古い時代の宗教というイメージが強かった。ところが、一九七九年にイランで起こったイスラム革命を通して、状況は大きく変わり、世界各地でイスラム復興の動きが盛んになり、その動向は世界全体に大きな影響を与えるまでになった。

日本の新宗教にイスラム教のような動きが起こるとは思えないものの、時代状況が変化すれば、宗教はたちまちその力を取り戻し、蘇っていく。日本の歴史を振り返ってみても、宗教の衰退と復興がくり返されてきている。社会全体が注目するような新宗教が、いつ登場したとしても不思議ではない。一時中国で爆発的に伸びた法輪功《ほうりんこう》のように、インターネットを媒介にして広がっていくような新宗教もある。

これからどのような新宗教が生まれ、その勢力を拡大していくのか。それは、日本の社会がどう変化していくかにかかっている。新宗教に集まってくるのは、その時代の大きな流れについていくことができなかったり、社会のあり方に不満をもっている人々である。社会が変われば、不満の中身も変わるし、どういった人間が不満をもつかも変わる。その点で、新宗教は時代を映す鏡としての性格をもっている。その鏡に何が映るのか。私たちは新宗教のこれからを見つめていかなければならないのである。

主な参考文献

『新宗教時代（全五巻）』大蔵出版、一九九四〜一九九七
『新宗教の世界（全五巻）』大蔵出版、一九七八〜一九七九
秋庭裕・川端亮『霊能のリアリティへ――社会学、真如苑に入る』新曜社、二〇〇四
五十嵐太郎『新編新宗教と巨大建築』ちくま学芸文庫、二〇〇七
井上順孝『新宗教の解読』ちくまライブラリー、一九九二
井上順孝・孝本貢・対馬路人・中牧弘允・西山茂編
『新宗教事典（本文篇）』弘文堂、一九九四
宇佐美承『求道の画家松本竣介――ひたむきの三十六年』中公新書、一九九二
大谷渡『天理教の史的研究』東方出版、一九九六
上之郷利昭『教祖誕生』講談社文庫、一九九四
小池健治・西川重則・村上重良編『宗教弾圧を語る』岩波新書、一九七八
島田裕巳『オウム　なぜ宗教はテロリズムを生んだのか』トランスビュー、二〇〇一
島田裕巳『創価学会』新潮新書、二〇〇四
島田裕巳『オウムと9．11』メディア・ポート、二〇〇六
島田裕巳『創価学会の実力』朝日新聞社、二〇〇六
島田裕巳『公明党vs．創価学会』朝日新書、二〇〇七
菅田正昭『日本宗教の戦後史――踊る宗教からカルト教団まで』三交社、一九九六
生長の家本部編『生長の家五十年史』日本教文社、一九八〇

芹沢光治良『教祖様（芹沢光治良文学館五）』新潮社、一九九六
高木宏夫『日本の新興宗教――大衆思想運動の歴史と論理』岩波新書、一九五九
高橋和巳『邪宗門（上下）』朝日文芸文庫、一九九三
対馬路人『敗戦と世直し――霊宇の千年王国思想と運動（一・二）』
関西学院大学社会学部紀要、一九九一・二〇〇〇
出口京太郎『巨人　出口王仁三郎』天声社、二〇〇一
出口ナオ著・村上重良校注『大本神諭（天の巻・火の巻）』東洋文庫、一九七九
出口和明『大地の母（全十二巻）』毎日新聞社、一九六九～一九七一
道友社編『ひながた紀行――天理教教祖伝細見』天理教道友社、一九九三
中山みき著・村上重良校注『みかぐらうた・おふでさき』東洋文庫、一九七七
奈良康明・「真乗」刊行会『真乗――心に仏を刻む』中央公論新社、二〇〇七
早瀬圭一『大本襲撃――出口すみとその時代』毎日新聞社、二〇〇七
毎日新聞宗教取材班『世紀末の神サマ　ルポ・若者と宗教』東方出版、一九九三
H・N・マックファーランド（内藤豊・杉本武之訳）
『神々のラッシュアワー』社会思想社、一九六九
松野純孝編『新宗教辞典』東京堂出版、一九八四
村上重良『近代民衆宗教史の研究（改版）』法蔵館、一九七二
柳田国男『柳田國男全集第二十一巻』筑摩書房、一九九七
弓山達也『天啓のゆくえ――宗教が分派するとき』日本地域社会研究所、二〇〇五

幻冬舎新書 061

日本の10大新宗教

二〇〇七年十一月三十日 第一刷発行
二〇〇八年一月二十五日 第八刷発行

著者 島田裕巳
発行者 見城徹
発行所 株式会社 幻冬舎
〒一五一-〇〇五一 東京都渋谷区千駄ヶ谷四-九-七
電話 〇三-五四一一-六二一一(編集)
〇三-五四一一-六二二二(営業)
振替 〇〇一二〇-八-七六七六四三
ブックデザイン 鈴木成一デザイン室
印刷・製本所 図書印刷株式会社

Printed in Japan ISBN978-4-344-98060-0 C0295
し-5-1
幻冬舎ホームページアドレス http://www.gentosha.co.jp/
*この本に関するご意見・ご感想をメールでお寄せいただく場合は、comment@gentosha.co.jp まで。